SAMMLUNG GÖSCHEN BAND 1116

ENGLISCHE LITERATURGESCHICHTE

von

DR. FR. SCHUBEL
ehem. apl. Professor an der Universität Greifswald

II

VON DER RENAISSANCE BIS ZUR AUFKLÄRUNG

WALTER DE GRUYTER & CO.
vormals G. J. Göschen'sche Verlagshandlung · J. Guttentag,
Verlagsbuchhandlung · Georg Reimer · Karl J. Trübner · Veit & Comp.

BERLIN 1956

Walter de Gruyter & Co.
Berlin W 35, Genthiner Str. 13

Archiv-Nr. 11 11 16
Satz und Druck Kahmann-Druck, Berlin-Steglitz
Printed in Germany

Neilson, W and *A. Thorndike*, History of Engl. Literature, N. Y. ^{3}1947.

Sampson, G., The Concise Cbr History of Engl Literature, Cbr. 1949.

Baugh, A., u. a., A Literary History of England, Ldn. 1950.

Meissner, P, Engl. Literaturgeschichte, Hdbg. 1950.

Craig, H, A History of Engl. Literature, N Y. 1951.

Williams, T, Engl Literature A Critical Survey, Ldn. 1951.

Legouis, E. et *L. Cazamian*, Histoire de la littérature anglaise, Paris 1952.

Lüdeke, H., Die engl. Literatür, Mchn. 1954.

Schirmer, W, Geschichte d engl u amerik. Literatur, 2 Bde., Tübg. ^{2}1954.

Nicoll, A., British Drama, Ldn. ^{4}1947

Nicoll, A., The Development of the Theater, N. Y. ^{3}1948.

Rossiter, A. P., Engl. Drama from Early Times to the Elizabethans, N Y 1950

Stamm, R., Geschichte des engl. Theaters, Bern 1951

Nicoll, A, A History of Engl. Drama 1660—1900, 3 Bde., Cbr. 1952

B. Renaissance

Wilson, F. P, Elizabethan and Jacobean, Oxf 1945.

Ferguson, W. K, The Renaissance in Historical Thought, Boston 1948.

Sellery, G. C., The Renaissance, its Nature and Origins, Wisconsin 1950.

Bennett, H. S., Engl. Books and Readers, Cbr 1952

Pinto, V. de Sola, The Engl. Renaissance, Ldn. ^{2}1951.

Mackie, J D., The Earlier Tudors 1485—1558, Oxf 1952.

Meissner, P, England im Zeitalter von Humanismus, Renaissance und Reformation, Hdbg. 1952

Tillyard, E M., The Engl Renaissance: Fact or Fiction, Ldn 1952

Lewis, C. S., Engl. Literature in the Sixteenth Cent., Oxf. 1954.

Simpson, P, Studies in Elizabethan Drama, Oxf. 1955

C. Barockperiode

Willey, B, The Seventeenth Cent. Background, Ldn. 1946

Bush, D, Engl Literature in the Earlier Seventeenth Cent. Oxf. ^{2}1946.

Clark, G. N., The Seventeenth Cent., Oxf. ^{2}1947

Wedgwood, C. V., Seventeenth-Cent. Engl. Literature, Ldn 1950.

Jones R. F, u a, The Seventeenth Cent, Stanford/Cal 1951

Ellis-Fermor, U. M., The Jacobean Drama, Ldn. ^{3}1953.

D. Aufklärungszeitalter

Gallaway, F., Reason, Rule, and Revolt in Engl. Classicism, N. Y. 1940.

McKillop, A. D., Engl. Literature from Dryden to Burns, N. Y. 1948.

Tinker, Ch. B., The Age of Johnson: Essays, New Haven 1949

Dyson, H. and *J. Butt*, Augustans and Romantics, Ldn. ³1950.

Knights, L. C., Drama and Society in the Age of Johnson, Ldn. 1951.

Moore, C. A., Backgrounds of Engl. Literature 1700—1760, Minneapolis 1953.

Nicoll, A., A History of Restoration Drama, Cbr. ³1940.

IV. Anthologien

Bush, D. and *C. A. Moore*, Seventeenth Cent. Prose, N. Y 1930.

Grierson, N. J. and *G. Bollough*, The Oxford Book of Seventeenth-Cent. Verse, Oxf. 1934.

Hebel, J. W. and *H. H. Hudson*, Poetry of the Engl. Renaissance, N. Y. 1938

Lamson, R. and *H. Smith*, The Golden Hind, An Athology of Elizabethan Prose and Poetry, N. Y 1942.

Crane, W G., u. a., Twelve Hundred Years· The Literature of England, Bd. I, N. Y. 1948.

Clemen, W., Engl. Dichtung des XVI. Jahrhunderts, Mchn. 1948.

Hübner, W Die Stimmen der Meister, Bln. 1950

Muir, K., Elizabethan Lyrics, Ldn. 1952.

Holzknecht, K. J., Sixteenth-Cent Engl. Prose, N. Y 1954.

McClure, N. E, Sixteenth-Cent. Engl Poetry, N. Y. 1954.

V. Zeitschriften

Anglia, Tübingen	A
English Historical Review, London	EHR
Englische Studien, Heilbronn	ESt
English Studies, Amsterdam	ESts
The Journal of English and Germanic Philology, Bloomington/Ind.	JEGPh
A Journal of English Literary History, Baltimore	JELH
Modern Language Notes, Baltimore	MLN
The Modern Language Review, Cambridge	MLR
Modern Philology, Chicago	MPh
Neophilologus, Groningen	N
Notes and Queries, London	NQ
Philological Quarterly, Iowa City	PhQ
Publications of the Modern Language Association of America, Baltimore	PMLA
The Review of English Studies, London	RESt
Speculum, Cambridge/Mass.	Sp
Studia Neophilologica, Uppsala	StN
Studies in Philology, Chapel Hill	StPh
Zeitschr. f Anglistik u. Amerikanistik, Berlin	ZA

DIE RENAISSANCE

(16. Jahrhundert)

1. Kapitel

DER DURCHBRUCH DES NEUEN GEISTES
(Ende des 15. Jhs. bis c. 1560)

HISTORISCHE UND GEISTESGESCHICHTLICHE HINTERGRÜNDE

Wenn auch im Vergleich zu dem fortschrittlichen mittelenglischen Dichter Geoffrey Chaucer (c. 1340—1400) das Schrifttum des 15. Jhs. im allgemeinen als rückständig anmutet, so führten doch gewisse politische, religiöse, ökonomische, soziale und technische Umwälzungen in einigen wesentlichen Teilen von mittelalterlichen Vorstellungen und Einrichtungen ab (vgl. Bd. I, 149 ff.)[1]) und bedingten das folgende Zeitalter, das man seit dem 18. Jh.[2]) als ‚Renaissance' zu bezeichnen pflegt.

Für die englische Politik bedeutete der 22. August 1485 einen entscheidenden Wendepunkt. An diesem Tage wurden bei Bosworth (Leicestershire) die den Hochadel, die ‚Nobility', zugrunderichtenden und das flache Land verheerenden Rosenkriege beendet und die Herrschaft der Tudors eröffnet, durch die das 16. Jh. sein äußeres Gepräge erhielt.

Heinrich VII. (1485—1509) beseitigte mit Hilfe der ihm ganz ergebenen ‚Sternkammer' die Reste des Feudalismus und vererbte seinem eigenwilligen Sohn Heinrich VIII. (1509—47) und dessen Ratgeber Kardinal Wolsey eine

---

1) F. Schubel, Engl. Literaturgesch. I, Samml. Göschen Band 1114, Bln. 1954.
2) B. Ullmann in StPh 49 (1952), 105 ff

absolute Monarchie, in der das Parlament bloß dazu herangezogen wurde, die Entschlüsse des größten englischen Despoten[3]) zu sanktionieren. Auch unter dem Lordprotektor Edward Seymour, dem Herzog v. Somerset, der die Regierungsgeschäfte für den unmündigen Eduard VI. (1547—53) führte, blieb es nur ein Werkzeug.

Außenpolitisch konnte England zwar durch die ‚Sporenschlacht' (1513) bei Calais gegen die Franzosen und durch den Sieg über die Schotten auf ‚Flodden Field' (1513) einigen Ruhm ernten, doch mußte es unter Maria (1553—58) als Verbündeter Spaniens 1558 den Verlust des letzten kontinentalen Besitzes Calais hinnehmen.

Von weittragender Bedeutung für die englische Gesellschaft waren die dem Tudorabsolutismus entspringenden Maßnahmen gegen oder für die alte Kirche. Als die Scheidung Heinrichs VIII. von seiner ersten Frau, Katharina v. Aragonien, von Klemens VII. nicht gebilligt wurde, sagte er sich von Rom los und ließ sich 1534 durch das willfährige Parlament zum Oberhaupt der Kirche in England erklären. Die Spaltung des Klerus, die niedrige Einschätzung des Mönchsideals, Mißstände in den Klöstern und auch Geldsorgen veranlaßten den König und seine Günstlinge zu einer antiklerikalen Revolution, die zwischen 1536 und 1540 zur Zerstörung von etwa 600 Klöstern — und damit auch von vielen wertvollen Büchern — und zur Konfiszierung des Kirchenbesitzes führte. So sehr Heinrich VIII. den alten Glauben verabscheute, so wenig billigte er andererseits die Reformation Martin Luthers. Er suchte einen Mittelweg zwischen dem Katholizismus und der von seinem Staatssekretär Thomas Cromwell (1485—1540) vertretenen, stark reformatorischen Richtung zu gehen.

Die folgenden Tudors wechselten dann von einer Seite zur anderen. Eduard VI. förderte den Protestantismus durch das Uniformitätsgesetz von 1552, nach dem ein neues Gebetbuch und 42 Artikel den Katholiken aufgezwungen wurden. Maria machte diese Neuerungen wieder

---

[3]) Ein Lehrbuch war ihm und den folgenden Tudors Il Principe (1513), in dem der Florentiner Staatsmann Machiavelli sein Idealbild ‚Vom Fürsten', einem durch keine Moral gehemmten absoluten Machthaber, darlegte.

rückgängig und tat alles, um England zum Papst zurückzuführen (1554).

Die religiösen Auseinandersetzungen und die absolute Herrschaft führten wiederum zu einer gesellschaftlichen Umschichtung. Nachdem die ‚Nobility‘ durch die Rosenkriege den größten Teil ihres Besitztums — und damit ihre Macht — verloren hatte, gewann der Landadel, die ‚Gentry‘, an Bedeutung, und zwar hauptsächlich seitdem Heinrich VIII. an sie viele der konfiszierten Klöster- und Kirchengüter preiswert verkaufte, um sich ergebene Vasallen zu schaffen. Zum Wohlstand des Landadels trugen ferner die ‚Enclosures‘ bei, d. h. die Einhegungen von Ödland und Wald oder von zusammengelegten Feldparzellen mit der Absicht, möglichst große Weideflächen für die einträgliche Schafzucht zu gewinnen. Neben der ‚Gentry‘ zogen auf dem Lande die Freisassen, die ‚Yeomen‘ (vgl. Bd. I, 90), Vorteile aus dem Antiklerikalismus und aus der Währungsfälschung Heinrichs VIII.

Auch die Städte waren im ganzen Nutznießer der Tudorherrschaft. Der Hof unterstützte die unternehmungsfreudigen Großhändler, die durch ihre in- und ausländischen Geschäfte mehr zum Wohlstand — und damit gleichzeitig zum Wohlergehen der Tudors — beitrugen, als es den korporativen Gilden möglich war, wenngleich auch die Handwerker, Gewerbetreibenden und Kaufleute durch die Preispolitik Heinrichs VIII. zu Geld kamen.

Die historischen, wirtschaftlichen, religiösen und sozialen Gegebenheiten standen in engstem Zusammenhang mit den umwälzenden geistesgeschichtlichen Wandlungen im übrigen Abendland. Nachdem die Türken 1453 Konstantinopel eingenommen hatten und die griechischen Gelehrten von dort nach Italien geflohen waren, wurde hier das Interesse am klassischen Schrifttum in bisher nicht gekannter Weise gefördert. Die Humanisten entdeckten bei ihrer Beschäftigung mit den Klassikern den Menschen als einen ‚Mikrokosmos‘ mit individuell zwar verschiedenen, aber immer zu harmonischem Ausgleich strebenden physischen, intellektuellen und moralischen Kräften, woraus sich ein neues Vertrauen zu seinen Fähigkeiten entwickelte, was zu mannigfachen Anregungen, Versuchen und Höchstleistungen auf allen Gebieten menschlichen Sinnens und Trachtens — auch in der Literatur — führte.

Von Italien gelangte der Humanismus nach Frankreich, Spanien, Westdeutschland, Holland und auch ganz allmählich im 15. Jh. nach England, und zwar hauptsächlich durch die Gelehrten John Tiptoft († 1470), William Grey († 1478), Robert Flemming († 1483) und John Gunthorp († 1498), die versuchten, den aus persönlichen Erfahrungen in Italien kennengelernten Humanismus heimisch zu machen[4]).

Parallel mit der durch den Humanismus angeregten Erforschung des Individuums und seiner Kräfte lief die Entdeckung der Erdoberfläche[5]). In demselben Maße wie andere Kontinente aufgefunden wurden, schwand die Vorstellung von Europa als dem Mittelpunkt der Erde und mehrten sich die Kenntnisse über neue Rassen mit ihren Sitten, Gebräuchen und Religionen.

Der in der ersten Hälfte des 16. Jhs. in England zum Durchbruch kommende Renaissancegeist mit seinen Spannungen zwischen Weltoffenheit und Intoleranz, edlem Menschentum und Grausamkeiten, Individualismus und Absolutismus, Katholizismus und Protestantismus kann nicht verstanden werden, ohne immer wieder der Tatsache zu gedenken, daß sich durch die von Gutenberg erfundene Druckerpresse das Tempo und der Umfang von Gedanken und Erkenntnissen ungeheuer steigerten. Auch in England sorgte die von William Caxton (c. 1422—91) hier eingeführte Presse von 1477 ab (vgl. Bd. I, 158) neben den zahlreichen College- und Schulgründungen für eine weitgehendere Anteilnahme breiter Volksschichten am kulturellen Leben, als es vorher möglich gewesen war.

Die Literaturgeschichte hat es von nun an nicht mehr mit verhältnismäßig wenigen Manuskripten, sondern mit einer immer größer werdenden Menge von gedruckten Büchern[6]) zu tun, deren Publikationsdaten allerdings zunächst noch wegen der oft sehr willkürlichen Auswahlprinzipien der ersten Drucker unzuverlässige Anhaltspunkte für den Zeitgeist der einzelnen Phasen des 16. Jhs. liefern.

---

[4]) R. Weiss, Humanism in England during the Fifteenth Century, Oxf. 1941.

[5]) B. Penrose, Travel and Discovery in the Renaissance, Cbr./Mass. 1952.

[6]) H. S. Bennett, English Books and Readers, Cbr. 1952.

A. Die Prosa

Die auf dem Kontinent im 15. Jh. in voller Blüte stehende Renaissance tastete sich nach England so langsam hinüber, daß hier die frühesten deutlichen Niederschläge im Schrifttum erst nach der Jahrhundertwende festzustellen sind, und zwar zunächst in der Prosa.

1. Bestrebungen der ‚Oxforder Reformer'

Lange bevor der neue Geist in irgendeiner der vielfältigen Erscheinungsweisen das englische Volk berührte, war er in einem seiner Teile, dem Humanismus, eine auf kleine Kreise beschränkte akademische Angelegenheit.

Nach den vergeblichen Bemühungen von Tiptoft, Grey, Flemming und Gunthorp, den italienischen Humanismus nach England zu verpflanzen (vgl. S. 12), drängte die folgende Gelehrtengeneration das Ästhetisch-Formale zurück und suchte die Verbindung zum praktischen Leben oder zum unverfälschten Christentum herzustellen. Thomas Linacre (c. 1460—1524) beschäftigte sich mit dem Griechischen und Lateinischen, um größere Kenntnisse zu erwerben und zu übermitteln. Er gründete in Oxford und Cambridge medizinische Lehrstühle und in London das ‚College of Physicians', half die erste Ausgabe der Werke von Aristoteles vorbereiten, veröffentlichte eine lateinische Grammatik und übersetzte medizinische Abhandlungen Galens. William Grocyn (c. 1446—1579) hielt von 1481 bis 1488 in Oxford erstmalig öffentliche Vorlesungen über Griechisch und versuchte 1490 in seinen bibelkritischen Betrachtungen, den Humanismus mit christlichem Gehalt zu erfüllen. In diesem Bemühen unterstützte ihn William Latimer (1460—1545), für den Wissen, Religion und Tugend unzertrennliche Begriffe wurden. Als eigentlicher Träger des christlichen Humanismus ist John Colet[1]) (c. 1467—1519) anzusehen. Sein Streben nach einer Verbindung von Urchristentum mit humanistischer Lebensführung verfolgte er in der von ihm 1510 im Zentrum Londons gegründeten ‚St. Paul's School', für deren Schüler der erste Direktor William Lily (c. 1468—c. 1523) zusammen mit Colet und Erasmus v. Rotterdam eine lateinische Grammatik (1513) herausbrachte, die während der näch-

---

1) K. MacKenzie in ‚Dalhousie Review' 21 (1941/42), 15 ff.

sten zwei Jahrhunderte zum einflußreichsten englischen Schulbuch — auch für Shakespeare[2]) — wurde.

2. Ziele der Cambridger Humanisten

Etwa zwanzig Jahre nach diesen ,Oxforder Reformern' gingen von Cambridge aus die protestantischen Humanisten in Prosaschriften vorwiegend pädagogischen Interessen nach. An der Spitze stand Sir Thomas Elyot (c. 1490 bis 1546) mit The boke named the governour (1531), dessen zehn Auflagen den Autor berühmt machten. Es war dazu bestimmt, die für das Staatswohl Verantwortlichen zu bilden. Wegen der Forderung, die alten Sprachen, die Platonische Philosophie[3]) und die Geschichte bevorzugt neben den Künsten, Tanz und Sport zu betreiben, wirkt sein für den damaligen Gentlemantyp maßgebliches Bildungsideal zunächst ausgesprochen klassisch. Doch kommt eine national-christliche Note hinzu mit der Absicht, zum sittlich guten Engländer zu erziehen. Im Image of governance (1541) illustrierte Elyot die gleichen pädagogischen Prinzipien an Kaiser Alexander Severus, und The defence of good women[4]) (1545) verfolgte ähnliche Erziehungsziele für die gelehrte Frau, wie sie später von der Königin Elisabeth verkörpert wurde. Vorher war Elyot noch durch zwei volkstümliche Werke einem starken Bedürfnis der Zeit nach Wissen entgegengekommen: durch The bankette of sapience (gedr. 1539), einer Sammlung von weisen und moralischen Aussprüchen und durch The castell of helth (1541), einem Gesundheitsführer für Laien, der u. a. die Theorie von den ,humours' (vgl. S. 71) enthielt.

Wegen ähnlicher Absichten, den Humanismus erzieherischen Zwecken dienstbar zu machen und wegen des gleichen Erfolges — bis 1651 waren etwa dreißig Auflagen nötig — ist William Baldwin († c. 1563) mit A treatise of morall philosophie (1547) erwähnenswert. Die hier zusammengestellten Lebensbeschreibungen alter

2) T. W. Baldwin, William Shakspere's Small Latine & Lesse Greeke, 2 Bde., Urbana/Ill. 1944.

3) Von der bedeutenden Rolle Platos zeugt auch das erste von Roger Ascham (1515—68) in Dialogen geschriebene Werk Toxophilus (1545), in dem innerhalb der harmonischen Ausbildung von Körper und Geist versucht wurde, das Bogenschießen als nationalen Sport zu beleben.

4) Ausg. E. J. Howard, Ohio 1941.

Philosophen sowie ihre Aussprüche und Ratschläge wurden eine Fundgrube für Redner und Dichter.

Der führende Geist dieser Humanistengeneration in Cambridge war Sir John Cheke (1514—57), der sich in The hurt of sedicion (= Heart ...) (1549) trotz seiner großen Liebe für das Griechische als nationalbewußter Engländer zeigte und daneben engen Kontakt zum Protestantismus hielt.

Besondere Verdienste erwarben sich die Cambridger Humanisten durch ihre Bemühungen um einen neuen Prosastil. Was sie wollten, legte Thomas Wilson (c. 1525 bis 1581) in The Arte of Rhetorique (1533), einem der gelesensten Bücher seiner Zeit, dar: Hebung der englischen Sprache auf ein hauptsächlich an Ciceros und Quintilians Stilmitteln ausgerichtetes Niveau mit dem gleichzeitigen Streben, den englischen Wortschatz vor Überfremdung — vor allem durch das Italienische — zu bewahren.

3. Geschichtsschreibung und Biographien

Neben den Humanisten, die bis zu den antiken Klassikern zurückgingen[5]), standen die, die aus der eigenen Geschichte lernen wollten und sich um ihre volkstümliche Darstellung in Prosa bemühten.

Das tat erstmals der Londoner Tuchmacher Robert Fabyan († 1513) in The new Chronicles of England and France (gedr. 1516), einer mit Gedichten und Liedern gespickten Geschichte Englands bis zu Heinrich VIII. neben historischen Begebenheiten in Frankreich. Als Fundgrube für die elisabethanischen Dramatiker erwies sich die zwischen 1523 und 1525 gedruckte Übersetzung der französischen Chronik Froissarts von John Bourchier, Lord Berners (1467—1533), vor allem wegen der Schilderungen der Sitten im 14. Jh., durch die Berners neben anderen Übersetzungen[6]) zur Ausgestaltung der englischen Prosa beitrug.

---

[5]) D. Bush, Classical Influences in Renaissance Lit., Cbr./Mass. 1952.

[6]) Wichtig wurden seine Übertragung des französ. Prosaromans The Boke of Huon of Burdeux (= Hugo ...) (1534), die Oberon und Titania in die engl. Lit. einführte, und ferner The Golden Boke of Marcus Aurelius (1535), das wegen seines Stils einen Vorläufer des ‚Euphuismus' bildete (vgl. S. 44).

Außer Froissart war für die englische Geschichtsschreibung der Italiener Vergilios[7]) von großer Bedeutung. Er erhielt von Heinrich VII. den Auftrag zu einer Anglica Historia, veröffentlichte sie aber erst mit einer Widmung an Heinrich VIII. im Jahre 1524. Seine katholische Darstellung reizte John Bale[8]) (1495—1563) zu dem Plan, eine „bereinigte" — d. h. für ihn als Gefolgsmann Thomas Cromwells (vgl. S. 10): eine protestantische — englische Geschichte zu schreiben. Er kam aber über einige Abhandlungen (z. B. über Lord Cobham und Wyclif) nicht hinaus. Allerdings erwiesen sich diese dadurch als wichtig, daß Edward Hall(e) († 1547) sein Werk The Union of the two noble and illustre famelies of Lancaster and Yorke (1548) nicht nur auf Vergilios basierte, sondern Bale weitgehend berücksichtigte.

Bezeichnend für das historische Interesse dieser Periode sind neben den volkstümlichen Geschichtsbüchern noch die Bemühungen einiger Gelehrter um die Wiederbelebung des Angelsächsischen, womit das Sammeln alter Manuskripte einherging. Auf einer beschwerlichen Reise durch England und Wales zwischen 1536 und 1542 trug John Leland (c. 1506—52), der ‚königliche Antiquar' Heinrichs VIII., eine solche Fülle von alten Schriften zusammen, daß er bei dem Versuch, sie einzuordnen, geistesschwach wurde. Auch der gerade erwähnte Bale spürte alte Manuskripte auf und brachte 1548 den ersten und 1557/59 in Basel den zweiten Katalog englischer Dichter heraus.

Ein grundsätzlicher Wandel vollzog sich in der Biographienschreibung über historische Persönlichkeiten. Nicholas Harpsfield (1519—75) sah noch mit mittelalterlicher Einstellung in Thomas More einen Heiligen und Märtyrer. Daneben trat aber durch William Roper (c. 1498—1578) mit The Life of Syr Thomas More (c. 1557) und durch George Cavendish (1500—c. 1561) mit The Lyffe and Deathe of Cardynall Woolsey[9]) (c. 1557) eine andere Schau. Hier werden die Daten nicht mehr problemlos aneinandergereiht, sondern es wird versucht,

7) D. Hay, Polydore Vergil, Oxf. 1952.
8) J. W. Harris, John Bale, Urbana/Ill. 1940.
9) P. Wiley in StPh 43 (1946), 121 ff.

die Ereignisse aus den Zeitverhältnissen und dem Charakter der Hauptpersonen zu entwickeln.

Der Begründer dieser Richtung war Sir Thomas More (1478—1535). In seiner lateinisch und englisch geschriebenen, aber unvollendet gebliebenen *Historie of Kyng Rycharde The Thirde* (c. 1513, gedr. 1557) stützte er sich auf die Augenzeugenberichte des Kardinals Morton († 1500) und entwickelte die Geschehnisse unter dem kausalen Gesichtspunkt[10]).

4. Thomas Mores ‚Utopia'

Als bahnbrechend für die Literaturgeschichte erwies sich More (Morus) ferner durch ein Werk, das zum Vorbild einer ganzen literarischen Gattung — der ‚Utopie' — wurde. Auch More war Humanist[11]), doch suchte er weder die Verbindung mit der Praxis noch zum Christentum. Vielmehr verband er die humanistische Idee mit der des Staates und setzte neben den Renaissanceabsolutismus das von Plato übernommene Wunschziel der humanistischen Demokratie. So verfaßte er für einen kleinen Kreis geistreicher Leser in lateinischer Sprache seine *Utopia*[12]) (= Nirgendwo) und veröffentlichte sie 1516 in Löwen, 1517 in Paris und 1518 in Basel.

Besonders angeregt durch die geordneten sozialen Verhältnisse in Flandern und veranlaßt durch Berichte über Amerigo Vespuccis Reisen[13]), konstruierte More einen Idealstaat, allerdings in einer Weise, die nicht immer genau erkennen läßt, ob der Autor es ganz ernst meint oder nur ein geistreiches Spiel treibt.

Der erste Teil[14]) berichtet von den Eindrücken, die der Weltreisende Hythloday in England zur Zeit des Kardinals Morton († 1500) empfing: von den grausamen Gesetzen und der Habgier der Grundbesitzer, vom nationalen Ehrgeiz, den selbstsüchtigen Kriegen, der ungerechten Besteuerung und von der ungleichen Güterverteilung.

10) W. Zeeveld in PMLA 55 (1940), 946 ff.; L. Dean in PMLA 58 (1943), 22 ff.; M. Schuster in PMLA 70 (1955), 474 ff.

11) W. Nelson in PMLA 58 (1943), 337 ff.

12) R. Ames, *Citizen Thomas More and His Utopia*, Princeton 1949; J. H. Hexter, *More's Utopia*, Princeton 1952.

13) Nach H. S. Jevons wurde More von Berichten über die Inkas angeregt; vgl. ‚Tribune' 13. Febr. 1948.

14) Analyse bei W. Hübner, *Stimmen der Meister*, Bln. 1950, 64 ff.

Im zweiten Teil wird die Republik Utopia beschrieben, in der es keinen Privatbesitz und kein Geld gibt. Gegen aufgezwungene Kriege mieten die Utopier Söldner und führen durch Bestechung Zwietracht auf der Gegenseite herbei. Arbeitslosigkeit ist unbekannt; die Arbeitszeit beträgt nur sechs Stunden, und viele Männer und Frauen besuchen Vorlesungen, hauptsächlich über das Griechische. Es herrscht völlige Religionsfreiheit[15]), nur der Glaube an die Vorsehung und an die Unsterblichkeit der Seele wird verlangt.

Der Grundzug dieses Idealstaates ist der richtige Ausgleich zwischen Vernunft, Natur und gesundem religiösem Empfinden zu einer Harmonie, die allein hochwertiges Leben verbürgt. Nachdem die erste englische Übersetzung der Utopia 1551 erschien, regte sie sogleich wiederholt zu ähnlichen Wunschträumen an[16]) und befruchtete bis in die Gegenwart zahlreiche Werke, die sich mit idealen Staatsgebilden befassen[17]).

5. Die religiöse Prosa

Zu den bisher aufgezeigten Faktoren, die das Prosaschrifttum anregten, kam noch die Reformation, die auf englischem Boden äußerlich an den Ehestreit Heinrichs VIII. mit dem Papst anknüpfte (vgl. S. 10) und bis zur Trennung von Rom (1534) noch nicht mit inneren religiösen Nöten verbunden war. Infolgedessen ist auch die erste für England wichtige Bibelübersetzung[18]) vornehmlich das Ergebnis gelehrter Forscherarbeit.

Angeregt durch Erasmus v. Rotterdam, dessen Bemühungen als Humanist dahingingen, den Wünschen seiner Zeitgenossen nach dem Studium der für das Christentum maßgeblichen Quellen — in erster Linie der

---

15) R. Adams in StPh 38 (1941), 45 ff.

16) F. R. White, Famous Utopias of the Renaissance, N. Y. 1948.

17) M. L. Berneri, Journey through Utopia, Ldn. 1950; R. Ruyer, L'Utopie et les Utopies, Paris 1950; A. L. Morton, The Engl. Utopia, Ldn. 1952.

18) Wyclifs Verbindung mit den mißliebigen Lollarden (vgl. Bd. I, 89) und die von ihm herausgeforderte Kirche verhinderten, daß seine auf dem lateinischen Text der Vulgata beruhende Bibelübersetzung (vgl. Bd. I, 126) von nachhaltender Wirkung blieb.

Bibel — zu dienen, ging William Tyndale (c. 1484—1536) im Jahre 1524 nach Deutschland und übersetzte das Neue Testament aus dem Griechischen ins Englische[19]). Trotz des Verbots des Londoner Bischofs zirkulierten die zwei 1526 nach England geschmuggelten Ausgaben hier in weiten Kreisen.

Als Heinrich VIII. dann das Lesen der Bibel billigte, führte Miles Coverdale (1488—1569) die erste vollständige Bibelübersetzung[20]) (1535), die auf Tyndale, Wyclif, Luther u. a. basierte, ein, und zwar von Köln aus. Bereits zwei Jahre später erschien mit des Königs Erlaubnis eine von John Rogers (c. 1500—55) besorgte Kompilation der Tyndale- und Coverdale-Übersetzungen, die sog. Matthew Bible. Ihr folgte 1539 die von Coverdale nochmals verbesserte und in London gedruckte Great Bible, deren zweite Ausgabe von 1540 ausdrücklich für den Gebrauch in den Kirchen zugelassen wurde und deren lange Vorrede des Erzbischofs von Canterbury, Thomas Cranmer († 1556), sie dem „Laien und gemeinen Volk" empfahl.

Um den Massen zu dienen, erstrebten die Bibelübersetzer einen anderen Prosastil als die übrigen Humanisten. Während diese — hauptsächlich durch klassische und italienische Vorbilder — eine Manier andeuteten, die sich später zum ‚Euphuismus' ausgestaltete (vgl. S. 44), versuchten jene, der einfachen und z. T. derben Sprache des Volkes nahezukommen, gleichzeitig aber das Erhabene zum Ausdruck zu bringen[21]).

Das gilt auch von The booke of common prayer[22]), in dem die biblischen Texte so angeordnet waren, daß der Psalter jeden Monat, das Alte Testament einmal und das Neue dreimal im Jahre durchgelesen werden sollten. Beide Fassungen (1549 u. 1552) lösten wegen der Verdrängung der lateinischen Liturgie bei den Katholiken und wegen der Nichtbeachtung gewisser reformatorischer Prinzipien bei den Protestanten bittere Vorwürfe und selbst bewaffnete Rebellionen aus.

---

19) Ch. C. Butterworth, The Literary Lineage of the King James Bible, Philadelphia 1941, chapt. V—VIII.

20) J. F. Mozley, Coverdale and his Bibles, Ldn. 1953.

21) Über die enge Verbindung zwischen Theologie und Humanismus vgl. A. Williams in StPh 38 (1941), 158 ff.

22) S. Morrison, English Prayer Books, Cbr. 1945.

Auch die Predigten, die mit heftiger Kritik gegen soziale Mißstände stark durchsetzt waren[23]), hatten meistens einen Stil, der weder dem der Literatur noch dem des Volkes entsprach. Allerdings bedienten sich die Prediger, die — wie einst Wyclif und die Lollarden (vgl. Bd. I, 89) — volkstümlich sein wollten, um die Massen für sich zu gewinnen, solcher Mittel, die das Volk beeindruckten: der direkten Anreden und Fragen, der Ausrufe und der erläuternden Geschichten aus dem Alltagsleben. Das zeigen z. B. die 45 überlieferten, meist vor Eduard VI. in den Jahren 1549 und 1550 gehaltenen *Predigten*[24]) von Hugh Latimer[25]) (c. 1485—1555), der sich vom orthodoxen Katholiken zu einem der überzeugtesten englischen Reformatoren wandelte und 1535 Bischof von Worcester wurde.

B. Die Versdichtung

1. Satiren, Epigramme und Eklogen

Die gleiche kritische Tendenz wie in den Predigten zeigt sich auch in den satirischen Gedichten, die während des frühen 16. Jhs. zahlreich erschienen. Das längste und wohl wirksamste war *The Shyppe of Fooles* (1509) von Alexander Barclay[1]) (c. 1475—1552). Dieser Dominikaner und spätere Pfarrer in London gestaltete Jacob Lochers lateinische Übersetzung des von dem Baseler Rechtsgelehrten Sebastian Brant verfaßten ‚Narrenschiffs' (1494) zu einer derben Anklage von 650 Seiten gegen englische Fehler und Laster, wobei zwar die Allegorie an Langland und Gower (vgl. Bd. I, 138 ff.) und der ‚rhyme royal' (vgl. Bd. I, 145 ff.) an Chaucer erinnern, während das Streben, konkret zu werden und die englischen Narrheiten zu verdeutlichen, neue Züge darstellen. Verschiedene Nachahmungen zeugen von der damaligen Wirkung dieses Übergangswerkes.

Auch John Skelton[2]) (c. 1460—1529) bediente sich in *The bowge of court* (1500) des ‚rhyme royal' und

---

[23]) H. C. White, *Social Criticism in Popular Religious Lit. of the Sixteenth Century*, N. Y. 1944.
[24]) E. Hastings in PMLA 60 (1945), 959 ff.
[25]) H. S. Darby, *Hugh Latimer*, Ldn. 1953.
[1]) W. Nelson in RESt 19 (1943), 59 ff.
[2]) H. L. Edwards, *Skelton*, Ldn. 1949; Ausg. V. de Sola Pinto, Ldn. 1950.

folgte noch stark dem alten Muster der Traumallegorie. Doch satirisierte er unter Verwendung autobiographischer Daten das Hofleben an wirklichen Typen. Dann ging er zu Angriffen auf Einzelpersonen über. Ware the Hauke (c. 1500) richtete sich gegen einen Priester, der mehr für die Falkenjagd als für die Seelsorge tat. Elynor Rummyng (c. 1510) wurde derb in ihrer mit betrunkenen Weibern gefüllten Kaschemme angeprangert, und 1522 ließ der ‚Poeta laureatus' seinen Zorn an Kardinal Wolsey aus. In Colyn Cloute (= ‚Klaus Klobig') spricht ein Vertreter des Proletariats noch etwas verschleiert; in Speke Parrot greift aber ein Papagei Wolsey offen an, und in Why Come Ye Nat to Court wird unverblümt aller gehässige Klatsch gegen den ‚Roten Kardinalshut' vorgebracht. Trotz alter Form und Reimtechnik[3]) zeigte Skelton durch diese Wendung zum Individuellen und durch die Erörterung von Fragen des öffentlichen Lebens etwas vom Renaissancegeist[4]).

John Heywood (vgl. S. 29) verfaßte den größten Teil seiner allegorischen Parabel The spider and the flie um 1535, ließ sie aber aus politischen Gründen bis nach der Thronbesteigung Marias (1553) liegen, als er endlich die glücklichste Lösung gefunden zu haben glaubte: nach dem fruchtlosen Wortstreit zwischen den Fliegen (= einfache katholische Bevölkerung) und den Spinnen (= wohlhabende Protestanten) fegt das Hausmädchen (= Königin Maria) alles beiseite und stellt wieder Ordnung her. Selbst trotz der reizenden Holzschnitte fand das Buch nur wenige Leser. So erging es auch den nach klassischen Mustern geschriebenen drei Satiren (1541/42) des Lyrikers Wyatt (vgl. S. 23). In den ersten beiden wird der Aufenthalt am Hofe verspottet, in der dritten dem König auf satirische Weise Rat erteilt. Durch die Heraushebung des Bauernstandes

---

[3]) Über die von ihm geschaffene Versform, die ‚Skeltonics', vgl. R. Kinsman in StPh 50 (1953), 101 ff.

[4]) Wie stark er andererseits mit der alten Zeit verbunden war, beweisen sein Booke of Phillyp Sparowe (c. 1505), ein Kleinepos auf den Tod eines Sperlings, und sein längstes Gedicht Garlande of Laurell (1523), in dem er von einem Wettstreit zwischen Fama und Pallas träumte und sich selbstbewußt den Lorbeerkranz aufsetzen ließ.

mit seiner Ehrbarkeit und Sitte als Ideal erinnerte Wyatt an Langland (vgl. Bd. I, 138 ff.) und wirkte veraltet.

Begehrter als diese Art Satiren schienen im ersten Renaissanceabschnitt die Hunderte von kurzen Spott- oder Sinngedichten[5]), an denen der gerade erwähnte Heywood einen besonders großen Anteil hatte. Die meisten seiner sog. Epygrammes beleuchteten die Zustände im damaligen London. In etwa 300 Fällen gehen sie von Sprichwörtern aus, die Heywood dann zu einer in vier Auflagen verbreiteten Satire Two maner of maryages (1546) verarbeitete. Sehr realistisch werden hier die Ehen mit einer ältlichen reichen Witwe und mit einem mittellosen jungen Mädchen als so wenig befriedigend geschildert, daß ein ratsuchender Mann vor beiden Arten zurückschrickt.

Wyatts Epigrams waren Übertragungen aus dem Italienischen oder Französischen und meistens in der aus acht jambischen Fünfhebern mit der Reimfolge (ab ab ab cc bestehenden Stanzenform (‚Ottaverime') abgefaßt, die er neben der von Dante her bekannten dreizeiligen Strophe (‚Terzine') in England einführte.

Geringeren Anklang als die Epigramme fanden The Eglogues (1514), mit denen Barclay (vgl. S. 20) die Schäferdichtung seines italienischen Vorbildes Mantuanus (= Baptista Spagnolo) nachahmen wollte, jedoch in moralischen Satiren steckenblieb. Die ersten drei handeln in Reimpaaren vom Elend der Höflinge, die vierte und fünfte von Reichen, Dichtern, Bürgern und Bauern, wobei die Einbeziehung des englischen Alltagslebens bemerkenswert ist.

2. Lieder und Sonette

Unter den Versdichtungen wurden für das 16. Jh. die immer zahlreicher entstehenden Lieder und Sonette kennzeichnend, wofür der enge Kontakt zwischen der Lyrik und der Musik einer der wesentlichsten Anlässe war. Dichter und Komponisten standen in einer sich gegenseitig anregenden Weise so eng zusammen wie nie vorher oder später. Es gehörte nicht nur zum ‚Gentleman', ein Instrument spielen und Lieder komponieren zu

[5]) H. H. Hudson, The Epigram in the English Renaissance, Princeton 1947.

können, sondern jedermann bemühte sich, zu singen und häufig genug auch zu tanzen[6]). War der Volksgesang schon immer Hauptbestandteil der Volksdichtung gewesen, so wurde nun das Lied bis in die höchsten Kreise die herrschende Form, Lyrisches zum Ausdruck zu bringen, wobei die dichtenden und komponierenden Tudors gewiß einen guten Ansporn für ihre nächste Umgebung bildeten. Infolgedessen blühte neben den Volksliedern und den ebenfalls gesungenen Volksballaden und ,broadside ballads'[7]) eine sangbare Hofpoesie auf, die erst Jahrzehnte nach ihrer Entstehung gesammelt und häufig ohne Betreiben der Dichter und Komponisten, manchmal sogar gegen deren Absichten, gedruckt wurden.

Die früheste solcher Sammlungen ist die des Verlegers Richard Tottel. Seine 1557 erstmals veröffentlichten und im 16. Jh. achtmal neu aufgelegten Songes and Sonettes (= Tottel's Miscellany) vermitteln einen guten Einblick in die dichterischen Leistungen während des ersten Abschnittes der englischen Renaissance.

Als der fruchtbarste Hofdichter ist in Tottel's Miscellany Sir Thomas Wyatt (1503—42) mit 96 Stücken vertreten, zu denen in neuerer Zeit weitere entdeckt wurden[8]). Zu den besten gehören etwa fünf Dutzend für Lautenbegleitung gedichtete Lieder, die in einfacher und kurzer Form persönlichste Liebesgefühle ausdrücken. Darin, daß ein Hofdichter den Menschen — wie in der volkstümlichen Dichtung — zum Mittelpunkt der Aussage ohne jedes allegorische Beiwerk machte, lag etwas Neues.

Eine andere, sehr verbreitete Seite des Renaissancegeistes offenbarte Wyatt in den Dichtungen, die unter dem Einfluß Petrarcas standen. Hauptsächlich von dessen ,Laurasonetten' angeregt, die nicht mehr die Heilige, sondern die geliebte Frau verherrlichen, besang auch Wyatt eine Geliebte[9]), und zwar in elfsilbigen Versen, für deren

---

6) B. Pattison, Music and Poetry of the English Renaissance, Ldn. 1948.

7) Sie entwickelten sich vom Ende des 15. Jhs. ab und waren im Gegensatz zur echten Volksballade niedriger im Ton, breit erzählend und moralisierend. Straßen- oder Bänkelsänger leierten sie herunter und verkauften im 16. Jh. immer häufiger als Flugblätter die gedruckten Texte, je mehr sie dazu dienten, Sensationen zu verbreiten.

8) Ausg. K. Muir, N.Y., 1950.

9) R. Harrier in JEGPh 53 (1954), 581 ff.

Bindung er Petrarcas Oktett (abba abba) beibehielt, das dann folgenden Sextett jedoch in ein weiteres Quartett (cddc) und ein Reimpaar (ee) auflöste. In dieser Gestalt schuf Wyatt 32 Sonette, deren Eigenart nicht mehr auf der Betonung, sondern auf der Zählung der Silben beruhte[10]), wodurch er — wie einst Chaucer (vgl. Bd. I, 143 ff.) — ein durch die Italiener angeregtes neues Formprinzip schuf.

Der zweite Hofdichter, mit dem die moderne englische Kunstpoesie anhob, war Henry Howard, Graf v. Surrey (c. 1517—47). Auch er stellte in den Mittelpunkt seines Schaffens Sonette, doch gestaltete er zehn der ihm zugeschriebenen fünfzehn so um, daß sich drei Quartette mit den Reimfolgen abab, cdcd, efef plus einem Reimpaar ee ergaben — eine Form, die sich im 16. Jh. neben der italienischen durchsetzte und als eigentlich englische lebendig blieb.

Neben dem Sonett war für Surrey und seine Zeit die von ihm in einigen Bearbeitungen des ‚Predigers Salomo' und von Psalmen verwendete metrische Form typisch, die in der paarweisen Bindung von sechs- und siebenjambischen Zeilen bestand und scherzhaft ‚Poulter's Measure' genannt wurde.

Im Hinblick auf die spätere Literaturgeschichte kommt Surrey noch das Verdienst zu, in seiner Übersetzung des zweiten und vierten Buches von Vergils ‚Æneid' den reimlosen Vers mit fünf Jamben, den sog. ‚Blankvers', erstmals verwendet zu haben, der dann in der kommenden Generation für das englische Drama von entscheidender Bedeutung wurde.

Von den anderen in Tottel's Miscellany vertretenen Autoren, von denen einige mit zusammen 95 Stücken nicht zu identifizieren sind, ist noch Nicholas Grimald(e) (c. 1519—c. 1562) als einziger humanistischer Beiträger erwähnenswert, hauptsächlich wegen der Verwendung des Blankverses in zwei seiner 40 Gedichte.

---

10) A. Swallow in MPh 48 (1950), 1 ff.; R. Evans in JEGPh 53 (1954), 197 ff.

C. Das Drama

Abgesehen vom Lied und der religiösen Prosa war jede der bisher behandelten literarischen Gattungen nur in recht kleinen Kreisen wirksam und meistens bloß von verhältnismäßig kurzer Dauer. Dagegen läßt sich in allen Schichten ein im Verlauf des 16. Jhs. immer stärker werdendes Interesse am dramatischen Gestalten feststellen, das allerdings je nach Ort und Zuhörerschaft in verschiedenen Formen erfolgte.

1. Misterien und Moralitäten

Die Massen erfreuten sich noch bis weit über die Mitte des 16. Jhs. an den alten Misterienzyklen[1]) (vgl. Bd. I, 127 f.), die unter der katholischen Maria sogar neuen Auftrieb erhielten. Andererseits bedeutete die durch Heinrich VIII. erfolgende Aufhebung der Klöster einen Schlag gegen die Vorführungen gerade an solchen Orten, die bis dahin unter dem Einfluß der Mönche standen. Solange es sich aber die Zünfte zur Ehre anrechneten, für die Ausgestaltung der ‚pageants' (vgl. Bd. I, 110) zu sorgen, wozu sie im allgemeinen noch bis in die elisabethanische Zeit hinein in der Lage waren, blieben die Misterien mit ihren wochenlangen Vorbereitungen und den Proben der Laienspieler in zahlreichen Städten eine Angelegenheit weitester Volkskreise.

Auch die Moralitäten, die sich im 15. Jh. herausgebildet hatten (vgl. Bd. I, 154), wurden unter den ersten Tudors weitergeführt, unterlagen aber einem tiefgehenden Wandel. Henry Medwalls (c. 1465—c. 1505) Nature (1486) gehört noch zu der rein ethischen Art. In zwei Teilen ist dargestellt, wie ein Mann das ganze Leben hindurch von den Todsünden versucht wird, diesen aber durch die Gotteskraft ‚Natur' widerstehen kann. Ein sehr ähnliches Thema behandelt das etwas spätere anonyme Mundus et Infans (gedr. 1522), in dem dieselbe Hauptfigur als Kind, Jüngling, Mann und Greis trotz des mahnenden Gewissens den Mentor ‚Welt' nicht aufgeben will. Noch lebhafter und realistischer ausgestaltet ist Hycke

---

1) H. C. Gardiner, Mysteries' End, New Haven 1946.

Scorner (1515/16), wo die bösen Mächte, der ‚tölpelhafte Spötter' und die zügellose Phantasie mit ‚Mitleid', ‚Betrachtung' und ‚Beharrlichkeit' um ‚Freewill', den Vertreter der Menschen, ringen.

Als bestes Muster der zahlreichen zu Beginn des 16. Jhs. entstandenen Moralitäten gilt Everyman. Mit ausgeprägtem Empfinden für die Einheit der Handlung gestaltete sie nur die letzten Stunden vor dem Tode eines Menschen, in denen er die enttäuschenden Absagen seiner Nächsten, ihn ins Jenseits zu begleiten, hinnehmen muß und einsieht, daß ihm nur ‚Good Deeds', mit dem er nur wenig zu tun hatte, folgt.

So sehr auch die erwähnten und Dutzende von ähnlichen Moralitäten kurz nach der Jahrhundertwende noch in der alten Tradition stehen, so finden sich doch hin und wieder bereits humanistische Züge, wie z. B. in Nature, wo ‚Natur' danach strebt, in aristotelischem Sinne den Menschen einen Mittelweg zwischen Verstand und Sinnlichkeit zu führen, oder wie in Everyman, wo die allegorischen Hauptfiguren ‚Knowledge', ‚Strength' und ‚Five Wits' zwar keine höchsten, aber doch wichtige Werte des Menschen bedeuten.

Danach ist dann eine immer stärkere Abhängigkeit vom Humanismus festzustellen. In The iiij elements[2]) (gedr. 1519) von John Rastell (c. 1475—1536) wächst der Held ‚Humanity' im Kampf zwischen Wissen und Unwissen heran. An die Stelle der guten Mächte ist ‚Lerneifer' getreten, und statt der früheren Unterhaltungen über theologische Fragen stehen jetzt solche über naturwissenschaftliche und geographische Entdeckungen. Skeltons (vgl. S. 20 f.) Magnyfycence (c. 1516) will die durch klassische Philosophen erhärtete Wahrheit lehren, daß allzu große Freigebigkeit und falsche Freunde zur Armut führen. John Redford († 1447) ersetzte in seinem ungedruckten Wyt and Science (1441/47) die ursprünglichen moralischen Absichten durch humanistisch-erzieherische. Der junge ‚Wyt' erhält seine ‚Lady Science' erst, nachdem er mit Hilfe von ‚Belehrung', ‚Studium' und ‚Fleiß' den Riesen ‚Langeweile' überwunden hat.

[2]) E. Nugent in PMLA 57 (1942), 74 ff.

Zu der humanistischen Art der Moralitäten kam die reformatorische. Sie wurde begründet[3]) und ausgestaltet von Bale (vgl. S. 16), der im Dienste der von Thomas Cromwell (vgl. S. 10) geförderten protestantischen Bestrebungen 21 dramatische Werke schrieb, von denen nur fünf erhalten sind. Drei davon (The chefe promyses of God, Johan Baptystes preachynge und The temptacyon of our lorde), die um 1538 abgefaßt wurden, stellen das Leben Christi dar und gehören deshalb zu den damals noch stark gepflegten Misterien (vgl. S. 25). Da die biblischen Geschichten aber bloß dazu dienen, die Lehre zu demonstrieren, daß der Mensch nur durch Glauben und Gnade das Himmelreich erwerben kann, stehen sie in unmittelbarer Nähe seiner beiden überlieferten Moralitäten.

The thre lawes of Nature, Moses, and Christe[4]) (c. 1531) stellen in fünf ‚Akten' drei von Gott geschaffene und zur Führung des Menschen bestimmte Gesetze dar. ‚Infidelitas' gelingt es aber immer wieder, zur Untreue gegen sie zu verführen, bis Gott eingreifen und den durch die Lehren des Katholizismus irregeleiteten Menschen in protestantischem Sinne auf den richtigen Weg führen kann. In Kynge Johan (c. 1533) führte Bale dann das in der künftigen Entwicklung so wichtige historische Element ein (vgl. S. 61). Hier wird dargestellt, wie König Johann im Kampf gegen die hauptsächlich von der Geistlichkeit angeführten ‚Heuchelei' und ‚Aufruhr', hinter denen ‚Privatvermögen' (= Kardinäle) und ‚Widerrechtliche Macht' (= Papst) stehen, unterliegt und durch Gift stirbt. Erst ‚Imperial Majesty' überwältigt im zweiten Teil die bösen Kräfte, reformiert die Kirche, verbannt den Papst aus England und stellt Ordnung und Gerechtigkeit wieder her.

In demselben tendenziösen Sinne schrieben unter Heinrich VIII. und Eduard VI. zahlreiche Autoren, wie z. B. Ralph Radcliff[5]) (c. 1519—59), und zur Zeit Marias benutzten die Katholiken das Tendenzdrama mit umgekehr-

---

3) Bereits von 1540 ab begann auch der Schotte David Lindsay (1490 bis 1555) mit dieser Art.

4) C. Wheat in PhQ 28 (1949), 312 ff.

5) J. W. Harris, a. a. O., 106 ff.

tem Vorzeichen für ihre Zwecke. In Respublica[6]) (1553) treten die vier Laster unter Eduard VI.: Geiz, Anmaßung, Unterdrückung und Schmeichelei, als ,Politik', ,Autorität', ,Reformation' und ,Ehrlichkeit' auf und werden durch die himmlischen Tugenden ,Mitleid', ,Wahrheit', ,Frieden' und ,Gerechtigkeit' vernichtet.

Das von katholischer Seite 1559 bewirkte Verbot, religiöse Themen darzustellen, beschleunigte zwar das Ende der Moralitäten, doch führten diese noch im elisabethanischen Zeitalter ein bescheidenes Dasein, bis andere Dramenarten sie ganz verdrängten (vgl. S. 56).

2. Interludien und Maskenspiele

Auch am Königshofe und in den Adelshäusern erwachte in der ersten Hälfte des 16. Jhs. die Freude am dramatischen Spiel. Hier bildeten sich die ,Interludien' heraus. Dieser Name erschien zwar auch als Untertitel zahlreicher Moralitäten, doch sind unter ,Enterludes' i. e. S. unterhaltende Zwischenspiele mit Gesangeinlagen[7]) zu verstehen, die vor gebildeten Festgesellschaften aufgeführt wurden und deshalb trotz ihrer Abhängigkeit von den Moralitäten prinzipielle Unterschiede zu diesen aufweisen.

Das zeigt sich sogleich in dem ersten regelrechten ,Interludium' Fulgens and Lucres[8]) (c. 1497) von Medwall (vgl. S. 25). Die schöne Römerin Lucrezia wird umworben von dem aus altem Adel stammenden vermögenden und leichtfertigen Cornelius und von dem nicht reichen, besonnenen und tugendhaften Flaminius und entscheidet sich für diesen. Während in den Moralitäten üblicherweise der schwankende Mensch zwischen Tugend und Lastern zu wählen hatte und durch Helfer an die richtige, von Gott vorgezeichnete Stelle im Weltplan gebracht wurde, bekennt sich Lucrezia nach langen Diskussionen, die an die mittelenglischen Streitgespräche erinnern (vgl. Bd. I, 98) und Beziehungen zur klassischen ,controversia' zeigen[9]), zum „Seelenadel".

[6]) W. Greg schreibt es in der neuesten Ausg. in EETS 226 (1952) Nicholas Udall zu.
[7]) B. Pattison, a. a. O., 51.
[8]) J. Lowers in JELH 8 (1941), 103 ff.
[9]) E. Waith in PMLA 68 (1953), 286 ff.

Nachdem so durch Medwall das Muster der Interludien vorgezeichnet worden war, folgten zahlreiche Autoren. Unter ihnen führte John Heywood (c. 1497 bis c. 1580) die Gattung auf den Höhepunkt. Vor allem erreichte er in der Anordnung der Auf- und Abtritte der Spieler eine bis dahin unbekannte Geschicklichkeit. In seinem wahrscheinlich ersten Stück[10]) Witty and Witless[11]) (1521/22) enden die Diskussionen damit, daß der Weise, obgleich er auf der Welt mehr Schmerz als der Narr zu erdulden habe, dennoch glücklicher sei. Im Play of Love (1522/29) debattieren zwei Paare darüber, welches von ihnen mehr Glück habe. Im Play of the Wether (1529) bringen acht Interessenten ihre Klagen über das Wetter bei Jupiter vor, der schließlich wechselndes Wetter verspricht. In Gentylnes and Nobylyte[12]) (c. 1532) streiten sich ein Kaufmann und ein Ritter darüber, wer von ihnen moralisch wertvoller sei, bis ein hinzukommender Landmann beide übertrifft.

Lebhafte Handlungen und geistreiche Dialoge führten Heywoods folgende Stücke zur Burleske und machten sie zu einer Vorstufe der eigentlichen Komödien. Das humorvollste, The foure P. P. (1529/33), überspielt die Diskussionen zu der Frage, ob der Mensch leichter mittels Wallfahrten oder Ablaß in den Himmel komme, durch den Streit zwischen Palmer (= Wallfahrer), Pardoner (= Ablaßhändler) und Potycary (= Apotheker) darüber, wer am besten lügen könne. In The pardoner and the frere (= Friar) (1529/33) geht die Debatte der Hauptpersonen in eine Rauferei zwischen dem Ablaßkrämer, dem Bettelmönch, dem Dorfpfarrer und dessen Nachbarn Pratte über. A mery play betwene Iohan Iohan the husbande, Tyb his wyfe & syr Jhān the preest (1529/33) läßt die Diskussionen zugunsten einer spannenden possenhaften Handlung ganz zurücktreten[13]).

---

10) W. Phy in ESt 74 (1940/41), 27 ff.

11) K. W. Cameron, The Background of John Heywood's 'Witty and Witless', Raleigh/N. C. 1941.

12) Dieses Stück wird häufig John Rastell (c. 1475—1536) zugeschrieben, ebenso wie das von ihm gedruckte Calisto and Melebea (c. 1530). Vgl. dagegen A. Baugh, A Literary History of England, Ldn. 1950, 361 Anm. 10.

13) S. Sultan in JEGPh 53 (1954), 23 ff.

Die Interludien, die sich zu einer immer größeren Umkehrung der Moralitäten gestalteten, je stärker der Gegentypus des humanistischen Idealmenschen in den Vordergrund trat, hielten sich nur vereinzelt über die Regierungszeit Heinrichs VIII. hinaus (vgl. S. 56).

Unter ihm entwickelte sich aber noch eine andere Art dramatischen Spiels, dessen Wurzeln in den mittelalterlichen ‚Mummereien' (‚momeries') lagen, bei denen maskierte Leute in die Nachbarhäuser kamen, um zu tanzen und zu würfeln. Im 14. Jh. wurde dieser Brauch so veredelt, daß z. B. 130 maskierte Höflinge ihrem König Richard II. in Form einer großangelegten ‚momerie' gratulierten und ihm zurechtgemachte Würfel anboten, mit denen er kostbare Geschenke gewann. Verfeinerte Veranstaltungen ähnlicher Art waren noch im 16. Jh. beliebt. Daneben pflegte der festfreudige Heinrich VIII. die im 15. Jh. entstandenen ‚disguisings', bei denen Maskierte auf sorgfältig ausgestatteten ‚pageants' (vgl. S. 25) erschienen, kleine allegorische Szenen aufführten und zum Schluß tanzten. Aus dem Drang zum Anderssein, der auch den Interludien mit den abschreckenden Gegentypen letztlich zugrunde lag, verkleidete sich der König gelegentlich selbst und machte diese Maskenspiele zur begehrtesten Unterhaltung am Hofe.

3. Schul- und Universitätsdramen

Zu den für weite Kreise bestimmten Moralitäten und zu den am Hofe und in Adelshäusern veranstalteten Interludien und Maskenspielen kamen schließlich noch die an den Schulen und Universitäten sowie in Juristeninnungen gepflegten Dramen.

An Schulen und Universitäten wurden Plautus, Terenz und Seneca nicht nur gelesen und eifrig gespielt[14]), sondern auch bearbeitet und nachgeahmt, und zwar in bewußtem Gegensatz zu den Interludien unter Wahrung alter Form und Würde.

Auch fühlte man sich zu Imitationen in englischer Sprache angeregt, und zwar zunächst zu Komödien, von denen zwei erhalten sind. Der Leiter der Eton-Schule

[14]) 1516/17 wurde z. B. in King's Hall ein Stück von Terenz, 1522/23 in Queen's College eine ‚comedia Plauti' aufgeführt.

Nicholas Udall (1505—56) schrieb Ralph Roister Doister[15]) (c. 1550), und einige Jahre später verfaßte ein gewisser Mr. S. aus Cambridge[16]) Gammer Gurtons Nedle (c. 1553). Beide Stücke sind unverkennbar Plautus und Terenz verpflichtet, zeigen aber auch englische Lokalfärbung: in Udalls Komödie vor allem bei den Dienergestalten und bei Dame Christian Custance, die von dem eitlen Prahlhans Ralph umworben wird. Gammer Gurtons Nedle führt in das Milieu eines englischen Dorfes, in dem der Gevatterin Gurton beim Ausbessern einer Hose die Nadel verlorengeht, was zur Verdächtigung ihrer Nachbarinnen und zu Prügeleien führt. Erst nachdem der Bauer seine Hose wieder angezogen hat und unter Schmerzen feststellen muß, daß die Nadel noch in der Hose steckt, enden die in der Mundart des Dorfes geführten Streitereien.

Während so das Muster der englischen Komödie bis um die Mitte des 16. Jhs. ausgebildet worden war, stand die eigentliche Tragödie noch aus. Senecas Vorbild hatte an den Schulen, Universitäten und ‚Inns of Court' zwar auch zu Nachahmungen geführt und Thomas Watson (c. 1557 bis 1592) zu seinem Absalom (1542) und Grimald(e) (vgl. S. 24) zu Christus redivivus (1543) und Archipropheta (1548) veranlaßt. Doch entwickelte sich das Gefühl für das wirklich Tragische erst in der folgenden Periode (vgl. S. 58).

Für das dichterische Schaffen während des ersten Abschnitts der englischen Renaissance ist eine bis dahin unbekannte Mannigfaltigkeit kennzeichnend.

Bis über die Mitte des 16. Jhs. blieb noch vieles Alte lebendig. Das Volk sang seine Lieder, Carols (vgl. Bd. I, 152) und Balladen weiter und empfand ungemindertes Interesse an den Misterien und Moralitäten. Das gebildete Bürgertum las mit Freude die von Caxton und seinen Nachfolgern gedruckten Bücher, die ritterlichen Geist verherrlichten. Gower, Chaucer und Lydgate blieben hochgeschätzte Dichter. Auch das neue Schrifttum bewahrte noch manche alten Traditionen. Vor allem wurde die Allegorie als Dichtform immer wieder gern herangezogen, und

[15]) C. Wheat in PbQ 28 (1949), 312 ff.
[16]) C. Roberts in PhQ 19 (1940), 97 ff.

die Satiriker zeigten trotz der neuen Spottlust, die sich — als Ausdruck des rationalistischen Geistes der Humanisten — zur gefährlichen Waffe entwickelte, noch stark frühere Geisteshaltung.

Daneben wird aber seit der Jahrhundertwende das Neue, das von der Vergangenheit bewußt wegführte[17]), immer unverkennbarer. Die englischen Humanisten schufen sich eine an den Klassikern ausgerichtete klare und verständliche Prosa, um möglichst weiten Kreisen Kenntnisse und Lebensweisheiten zu vermitteln, wodurch — im Gegensatz zum Kontinent — eine Verbürgerlichung der Gelehrsamkeit eintrat. Ihre praktisch-erzieherischen Bestrebungen formten ein neues Gentleman- und Frauenideal, für das nicht Italien, sondern die Antike mit ihrem harmonischen Menschenbild richtunggebend war. In der Geschichtsschreibung erwachte der Sinn für die kausalen Zusammenhänge und für die individuellen Leistungen. Angeregt von der Reformation, die in diesem ersten Abschnitt noch nicht zum innersten Anliegen des Volkes wurde, entstand als Ergebnis ernster Gelehrtenarbeit die überzeitliche Bibelsprache.

Unter den Versdichtungen sind neben den Liedern die gegen einzelne Persönlichkeiten gerichteten Satiren sowie die zahlreichen Epigramme und Eklogen charakteristisch. Am Hofe aber entwickelte sich nach dem Vorbild Petrarcas das Sonett, für das ebenfalls individuelle Erlebnisse kennzeichnend sind. In der Formgebung setzte ein eifriges Experimentieren ein, doch behaupteten sich in der Folgezeit nur der Blankvers und die englische Sonettform.

Im Hinblick auf die Zukunft besonders wichtig war der immer stärker werdende Drang zum dramatischen Gestalten, wobei wiederum — außer in den Misterien — überall humanistische Einflüsse spürbar sind. Neben die mit großem Aufgebot von Laien weiter gepflegten Misterien und Moralitäten traten die mit beträchtlichem Aufwand inszenierten Maskenspiele der Höflinge und die auf äußeren Pomp verzichtenden humanistischen Schul- und Universitätsdramen. Hinzu kamen immer mehr Aufführungen — hauptsächlich Moralitäten und Interludien —

17) H. Weisinger in Sp 20 (1945), 461 ff.

durch kleine Truppen von Berufsschauspielern. Ebenso unterschiedlich waren die Stätten, an denen die Stücke aufgeführt wurden. Während die großen Misterien und Moralitäten im allgemeinen noch auf Stellagen an öffentlichen Plätzen stattfanden, dienten den Schul- und Universitätsdramen kleine Plattformen in Sälen und den wandernden Berufsschauspielern besonders hergerichtete Bühnen in Schlössern oder Bürgerhäusern, aber auch die von den Wirtschaftsgebäuden und Ställen umgebenen Höfe der Gasthäuser in Dörfern.

Innerlich vollzog sich der Wandel von den typenhaften und begrifflichen Gestalten zum Individuellen. In den Mittelpunkt rückte das Interesse an der sittlichen Artung und seelischen Beschaffenheit des einzelnen Menschen, der im Ringen um eine sittliche Vervollkommnung dargestellt wurde. Im Gegentypus aber fand sich schon die später so wichtige Figur des Clowns oder Narren vorgezeichnet.

Im Unterschied zu der früher üblichen lockeren Szenenfolge bildete sich — hauptsächlich bei den Moralitäten — ein immer planvollerer Aufbau heraus. Bemerkenswert sind die realistischen Schilderungen, die geschickten Dialoge, die Ausmalung der Seelenzustände, die satirische Note und die häufigen didaktischen Elemente.

Abgesehen von den am Hofe gemachten Experimenten, die sich erst später auswirkten, stellt sich der erste Abschnitt der englischen Renaissance als eine Epoche dar, in der von ernsten, kritischen Männern um ein von mittelalterlichen Bindungen gelöstes Menschenideal gerungen wurde, wobei die Antike, das Urchristentum und ein starkes Nationalgefühl richtunggebend waren.

2. Kapitel

DIE BLÜTEZEIT UNTER ELISABETH
(c. 1560 bis gegen Ende des 16. Jhs.)

WESENSZÜGE DER ELISABETHANISCHEN PERIODE

Der in der ersten Hälfte des 16. Jhs. aufkommende vielseitige Renaissancegeist gelangte unter Elisabeth (1558 bis 1603) zu so günstiger Entfaltung, daß dieser Abschnitt später als der des „Merry England" und seine Königin als „Good Queen Bess" etikettiert wurden.

Außenpolitisch war es die Zeit der Auseinandersetzung mit Spanien, das als Weltmacht und Verfechter des Katholizismus niedergerungen werden sollte. Der Krieg begann 1585 in den Niederlanden und erreichte seinen Höhepunkt 1588 in der Vernichtung der ‚Armada', so daß England beginnen konnte, vom Meer endgültig Besitz zu ergreifen und in der See- und Weltherrschaft eine maßgebliche Rolle zu spielen.

Innenpolitisch behielten die Grundsätze des Tudorabsolutismus ihre Geltung. Als Anhängerin Machiavellis (vgl. S. 10) bediente sich Elisabeth in ihren 45 Regierungsjahren nur dreizehnmal des Parlaments. Alle Initiativen gingen von ihr und ihren Ratgebern aus.

Das gefährlichste Problem, die religiösen Streitigkeiten, versuchte sie durch Kompromisse kühl und nüchtern zu lösen, ohne daß allerdings die revolutionären Spannungen beseitigt werden konnten. Von 1564 an kam es dann wegen der Einführung des ‚Prayer Book' und der heute noch gültigen 39 Artikel zu ernsten Auseinandersetzungen mit den Katholiken, und nachdem Elisabeth 1570 exkommuniziert wurde, begann deren Unterdrückung mit dem Argument, daß der Papst als politischer Machthaber vom nationalen Standpunkt aus zu bekämpfen sei. Auch die nach Einfluß strebenden protestantischen Richtungen wehrte die Königin ab. Sie stand in Opposition zu dem Calvinisten Thomas Cartwright, der 1569 von der Kanzel aus auf die anglikanische Verfassung wetterte, und 1588 zu dem Puritaner John Penry, der unter dem Pseudonym Martin Marprelate den Anglikanismus bitter satirisierte. Schließlich drohten Gefahren von seiten der Presbyterianer, Brownisten, Kongregationalisten und Independenten. Es gelang Elisabeth aber, Staat und Kirche zusammenzufügen und in England den unter dem Staatsoberhaupt als hierarchisch geschlossenen Bau der anglikanischen Kirche als Kompromiß aus Katholizismus und Protestantismus aufzurichten.

Dadurch, daß die Königin den Aufstieg der Bürgersöhne bis in die höchsten Stellungen des öffentlichen Dienstes förderte, wurden die soziologische Struktur und zugleich das Bildungsziel der führenden Schicht entscheidend geändert. Aus dem noch immer lebendigen Glauben an die von Gott bestimmte Ordnung, in der der Mensch als

,Mikrokosmos' seinen festen Platz einzunehmen habe, und aus der Überzeugung, in höchstmöglichem Maße die Geisteskräfte fördernd und gestaltend für die göttliche Ordnung einsetzen zu müssen, vergrößerte sich das schon in den vorangehenden Jahrzehnten festzustellende erzieherische Bedürfnis außergewöhnlich. Es entstanden mehr ,grammar schools' als je zuvor. Der Optimismus, zum Wesen des Menschen — und zwar zu den letzten Geheimnissen des Geistes wie des Körpers — vordringen zu können, beflügelte alle Wissenschaften, was sich wiederum befruchtend auf die Technik und Industrie auswirkte, so daß das gesamte Wirtschaftsleben in andere Bahnen gelenkt wurde.

In diesem setzte sich nunmehr die kapitalistische Denkweise durch. Mit der aus dem Entdeckergeist resultierenden Erweiterung der Welt durch Hawkins, Frobisher, Rale(i)gh, Drake u. a. entstanden große Handelsgesellschaften, die Verbindungen mit vielen Teilen der Erde anknüpften und allmählich die Gilden in den Schatten stellten. Durch die ,Merchant Adventurers' und durch die besonders vorgebildeten Weltkaufleute gelangte England zu Wohlstand.

In den Mittelpunkt der Daseinsfreude der sich zur Zeit Elisabeths um elf Prozent vermehrenden englischen Bevölkerung rückten die Städte, allen voran London, das sich mit seinen vielen neuen und reich verzierten Häusern und Läden zum mächtigsten Gemeinwesen von fast 300 000 Einwohnern entwickelte und bedeutendstes Handels- und Kulturzentrum wurde. In seinen Straßen drängten sich die Reiter und Fußgänger, die teils in bisher nicht gekanntem Tempo ihren Geschäften, teils aber in kostbaren Kleidern — wozu die prunkliebende Königin und ihr Hof den Anreiz gaben — ihren Vergnügungen nachgingen, unter denen die Theater, farbenprächtige Umzüge, Hahnenkämpfe und Bärenhetzen eine große Rolle spielten. Über alle Meere drangen Luxusartikel und Genußmittel — darunter der Tabak — ein. Auch wurden die ersten Kaffeehäuser eröffnet.

Daß dieses „Merry England" auch einige dunkle Seiten hatte, darf zur Vervollständigung des Bildes nicht außer acht gelassen werden. Seitdem der Boden Spekulationsobjekt geworden war und die ,Enclosures' (vgl. S. 11) eifrig weiterbetrieben wurden, vergrößerte sich der Gegensatz zwischen den Besitzenden und den Lohnarbeitern (vgl. Bd. I, 90). Die besitzlosen Bauern wanderten ab und gesellten sich häufig zu den „derbdreisten Bettlern", die trotz aller Bemühungen nicht ausgerottet werden konnten. Verdunkelt wurde die Zeit ferner durch die Verheerungen der Pest, die fast jedes Jahr ihre Opfer forderte, durch die periodisch wiederkehrende Arbeitslosigkeit im Tuchgewerbe und durch Hungersnöte infolge mancher Mißernten. Schließlich trug noch die Intoleranz gegenüber denen, die einen anderen religiösen Glauben hatten als die anglikanische Kirche vorschrieb, zu Mißstimmungen bei.

Dem außerordentlich regen Leben in der zu Macht und Ansehen geführten Nation entsprach ein in der Geistesgeschichte einmalig zu nennender Reichtum der Literatur und ihrer Sprache.

A. Die Prosa

1. Die religiöse Prosa

In der zweiten Hälfte des 16. Jhs. gab es nicht sogleich auf allen Gebieten wesentliche Neuerungen. Am konservativsten blieb die religiöse Prosa.

Die erste Periode der Bibelübersetzungen hatte durch ein Verbot Marias ihr Ende gefunden. Eine zweite setzte mit der G e n e v a n B i b l e[1]) ein, die von protestantischen Gelehrten — darunter wiederum Coverdale (vgl. S. 19) — in Genf 1560 fertiggestellt werden konnte, nachdem das Neue Testament bereits 1557 herausgekommen war. Das kleinere als bisher übliche Format, der klarere Druck in Antiqua, die heute noch gebräuchliche Verseinteilung und gute Holzschnittillustrationen machten sie zur volkstümlichsten, doch wegen ihrer puritanisch gehaltenen Randbemerkungen nicht zur offiziellen englischen Bibel. Das wurde vielmehr die auf Veranlassung des Erz-
h o l i e B i b l e herausgebrachte sog. B i s h o p s' B i b l e ,
Geistlichen überarbeitete und 1568 unter dem Titel T h e
h o l i e B i b l e herausgebrachte sog. B i s h o p s' B i b l e ,
und sie blieb es bis ins 17. Jh. hinein (vgl. S. 83).

1) Ch. C. Butterworth, a. a. O., chapt. IX—X.

Das nächst der Bibel zur Zeit Elisabeths am meisten gelesene Buch kam 1563 unter dem Titel Actes and Monuments of the Church heraus und stammte von John Foxe[2]) (1517—87), der als eifriger Protestant nach Marias Thronbesteigung (1553) u. a. mit John Knox[3]), dem Führer des schottischen Presbyterianismus (vgl. S. 34), nach Frankfurt gegangen war. In Straßburg hatte er bereits 1554 in lateinischer Sprache eine Sammlung von Geschichten christlicher Märtyrer veröffentlicht, die die Grundlage seiner gewöhnlich als The book of Martyrs bekannten englischen Version bildeten und, wirkungsvoll durch Bilder unterstützt, den Haß gegen den Papst schürten.

Im Verlaufe der sich entwickelnden theologischen Auseinandersetzungen entstand seit 1572 eine Fülle von Pamphleten gegen den Anglikanismus — ab 1588 auch die eines gewissen Martin Marprelate[4]) (vgl. S. 34) — und eine Anzahl von Verteidigungsschriften, von denen kaum mehr als das achtbändige Werk von Richard Hooker[5]) (c. 1554—1600) Of the lawes of ecclesiasticall politie (1593/97) literarischen Wert hat. Ausgehend von dem im Kosmos herrschenden Ordnungsgedanken, dem sich auch die anglikanische Kirche sinnvoll eingliedere, argumentierte der Verfasser gegen die puritanischen Eiferer. Durch einen stark latinisierten Wortschatz und durch oft lange Sätze bemühte er sich, antiken Vorbildern nahezukommen. Dieses Streben bewirkte in seinen Predigten[6]) mit der Beachtung aller rhetorischen Kunstregeln einen neuen Predigtstil, der richtungweisend für die Zukunft wurde. Beachtenswert für die religiöse Prosaliteratur dieser Epoche ist ferner die bereits im vorangehenden Abschnitt (vgl. S. 20) hervortretende starke Kritik gegen die hauptsächlich mit der wachsenden Geldwirtschaft zusammenhängenden sozialen Mißstände[7]).

[2]) J. F. Mozley, John Foxe and his Book, Ldn. 1940.
[3]) G. R. Preedy, The Life of J. K., Ldn. 1940.
[4]) D. McGinn in PMLA 58 (1943), 84 ff.
[5]) Ch. J. Sisson, The Judicious Marriage of Mr. Hooker, Cbr. 1940; E. Thompson in PhQ 20 (1941), 454 ff.; H. Craig in ‚Journal of the Hist. of Ideas' 5 (1944), 91 ff.
[6]) A. F. Herr, The Elizabethan Sermon, Philadelphia 1940.
[7]) H. C. White, Social Criticism in Popular Religious Lit. of the Sixteenth Century, N. Y. 1944.

2. Pädagogische und historische Werke

Auch die pädagogischen Werke der elisabethanischen Zeit setzten die Gedanken der ersten Hälfte des 16. Jhs. fort, indem sie an die Cambridger Humanisten (vgl. S. 14 f.) anknüpften. Als Schüler Chekes (vgl. S. 15) schrieb Roger Ascham[8]) (1515—68) The Scholemaster (1563/68), ein Erziehungsbuch, das als Ergänzung zu der in seinem Toxophilus (vgl. S. 14 Anm. 13) geforderten körperlichen Ertüchtigung die geistige Bildung eines Gentleman bis zur Universitätsreife regeln möchte. Im Vordergrunde steht zwar die Beschäftigung mit den Klassikern, aber darüber sollten die nationalen und christlichen Ziele nicht vergessen werden. Vor allem sei der allzu stark am heidnischen Italien orientierte ‚Italienate Englishman' abzulehnen. Auch im Prosastil forderte Ascham die Wahrung nationaler Eigenarten, die er durch die in Mode kommende übertriebene Latinisierung und durch den starken Gebrauch veralteter Wörter für gefährdet hielt.

Noch nationalbewußter zeigte sich der Direktor der Londoner ‚Merchant Taylors' School' Richard Mulcaster (c. 1530—1611) in seinen pädagogischen Schriften Positions ... (1581) und The First Part of the Elementarie (1582). Auch er wandte sich gegen die Überschätzung der Antike und gab der Überzeugung Ausdruck, daß die englische Sprache bei rechtem Gebrauch wie jede andere geeignet sei, alle Gedanken wiederzugeben.

Während die erzieherischen Schriften die adlige Jugend im Auge hatten, wandten sich die historischen Werke — einschließlich der in Versen geschriebenen (vgl. S. 49) — an einen Leserkreis, der das nationalbewußte Bürgertum einschloß. Nachdem man einmal begonnen hatte, die kausalen Zusammenhänge zu sehen (vgl. S. 17), war der Weg zur modernen Historiographie erschlossen worden, auf dem in der zweiten Hälfte des 16. Jhs. weitergeschritten wurde. Das taten Richard Grafton († c. 1572), Raphael Holinshed († c. 1580) und John Stow († 1605) in ihren Chronicles von 1568, 1577 und 1580, die Hall(e) — und damit wieder Bale (vgl. S. 16) — so stark verpflichtet waren, weil sie ganze Abschnitte von ihnen übernommen hatten (vgl. S. 16). Mehr noch als durch die Lektüre waren die

[8]) S. A. Tannenbaum, A Concise Bibl. of R. A., N. Y. 1946.

umfassenden Chroniken dadurch von größtem Einfluß, daß sie von den Dramatikern — einschließlich Shakespeare — als Quellen für die zahlreichen Bühnenstücke benutzt wurden, an denen alle Kreise teilhatten (vgl. S. 61).

Im Stil folgten die Historiographen ebenfalls den Bestrebungen der Cambridger Humanisten, was William Harrisons (1534—93) Description of England (1577) besonders verdeutlicht, da hier ausdrücklich gegen die italienische Überfremdung Stellung genommen wird.

3. Literaturkritik und Übersetzungen

Zu einer Sonderart des pädagogischen Schrifttums können noch die für die Unterweisung von Dichtern beabsichtigten Literaturkritiken gerechnet werden[9]. Mit ihrer Orientierung an der Antike, ihrer religiös-moralischen Absicht und ihrer immer stärker werdenden Besinnung auf das Nationale bewegten auch sie sich ganz in der englisch-humanistischen Denkweise.

Vor allem erörterten George Gascoigne[10] (c. 1539—77), William Webbe († 1591) und George Puttenham (c. 1529 bis 1590) in ihren Stillehren von 1575, 1586 und 1589 die Frage der Nachahmung antiker Versformen und Sir John Harington (c. 1561—1612) versuchte im Vorwort seiner ‚Orlando'-Übersetzung (1591) eine allgemeine Dichttheorie aufzustellen[11], wozu er sich durch die 1579 beginnenden puritanischen Angriffe auf die Literatur und das Theater (vgl. S. 83) veranlaßt fühlte.

Das trifft gleichfalls für Sir Philip Sidney[12] (1554—86) zu, der sich in der um 1580 geschriebenen und im Manuskript eifrig herumgereichten, aber erst 1595 nach seinem Tode gedruckten Apologie for Poetrie oder Defence of Poesie[13] am gründlichsten mit literarkritischen Problemen beschäftigte. Auch Sidney folgte den

---

9) V. Hall, Renaissance Literary Criticism, N. Y. 1945; J. W. Atkins, Engl. Literary Criticism, Ldn. ²1951.

10) S. A. Tannenbaum, G. G., A Concise Bibl., N. Y. 1942; Ch. T. Prouty, G. G., Elizabethan Courtier ..., N. Y. 1942; E. Brooks in RESt 5 (1954), 59.

11) T. Rich, Harington and Ariosto, New Haven 1940.

12) S. A. Tannenbaum, A Concise Bibl. of Ph. S., N. Y. 1941; J. Buxton, Sir Ph. S. and the Engl. Renaissance, Ldn. 1954.

13) C. Dowlin in RESt 20 (1944), 257 ff.; A. Malloch in JELH 20 (1953), 181 ff.

Anregungen der Klassiker und verlangte als Hauptaufgabe die Belehrung der Menschheit, was eine Reihe von Forderungen ergab, die — wie er meinte — bis zu seiner Zeit nur wenige englische Dichtwerke erfüllt hätten. Neu war bei ihm die an Plato anknüpfende Analyse der Dichterpersönlichkeit, die einen dem Mikrokosmosgedanken ganz entsprechenden und von Gott begnadeten Menschen darstellte.

In dem, was dann noch gegen Ende der elisabethanischen Epoche von Richard Carew († 1620), Francis Meres († 1647), Samuel Daniel (1562—1619) u. a. über die Dichtkunst veröffentlicht wurde, gewann die Ansicht an Boden, daß die englische Sprache nicht einfach in antike Metren gepreßt werden könne und daß das Englische nicht nur gleichberechtigt neben dem Latein stehe, sondern diesem in vielen Dingen überlegen sei.

Zweifellos haben die vom Humanismus inspirierten Theorien die englische Sprache stark beeinflußt. Doch vermochten sie nicht — außer der Apologie for Poetrie mit ihrem romantischen Einschlag — der Dichtung wirkliche Anregungen zu geben.

Diese kamen vielmehr aus der sehr umfassenden Übersetzungsliteratur, die in der zweiten Hälfte des 16. Jhs. wie nie zuvor aufblühte. Am stärksten zeigte sich erklärlicherweise das Interesse an der Antike, aus der bis gegen 1600 außer Plato und den Tragikern alles ins Englische — und zwar meistens auch in den englischen Geist — übertragen war[14]). Daneben blieb der Kontakt mit Frankreich sehr eng, das sich sogar für die klassischen Werke häufig als Mittler erwies. Und schließlich hielt man auch im zeitgenössischen Spanien und Italien, an dessen Sprache man besonders interessiert schien[15]), rege Umschau. Da es wiederum in erster Linie galt, Kenntnisse zu erwerben, war die Aufmerksamkeit weniger auf die ästhetische Versdichtung als vor allem auf das instruktive Prosaschrifttum gerichtet.

Von den Historikern wurden Thukydides bereits bis 1550, Xenophon bis 1567, Plutarch bis 1579, Herodot bis

[14]) A. F. Clements, Tudor Translations, Oxf. 1940.
[15]) R. C. Simonini, Italian Scholarship in Renaissance England, Chapel Hill 1952.

1584 und Tacitus bis 1592 übersetzt. Außer an den Werken von Caesar, Cicero, Epictet, Josephus, Theophrast u. a., die vielseitige Wissensstoffe lieferten, empfand man reges Interesse am fremden Roman. William Adlington übermittelte 1566 Apuleius in The Golden Asse und Thomas Underdown(e) († 1587) 1569 Heliodor. Spanien schenkte neben der Vorlage zu David Rowlands († 1586) Lazarillo de Thormes (1576), der den englischen Schelmenroman stark beeinflußte (vgl. S. 46), vor allem den Amadis (1567) als Muster für die Romanschreibung am Hof. Für diesen erwies sich wiederum Italien als fruchtbare Quelle[16]), und zwar sowohl durch die Geschichtensammlungen von Boccaccio, Bandello, Cinthio u. a., als auch durch Castigliones Werk Cortegiano (1528), das den Engländern in Sir Thomas Hobys († 1566) Übertragung von 1561 das Bild eines alle Leidenschaften zügelnden Höflings vermittelte und mitbestimmend für das Gentlemanideal wurde.

4. Die erzählende Literatur

Was bei den bisher skizzierten Prosagattungen nur gelegentlich sichtbar wurde: das Nebeneinander einer höfischen und einer bürgerlichen Welt, wird bei der erzählenden Literatur ganz augenfällig. Außer den Neudrucken der zahlreichen Prosaromane (vgl. Bd. I, 158), die sich noch während des ganzen 16. Jhs. allgemeiner Beliebtheit erfreuten, erschienen sowohl künstlerisch hochwertige, der Atmosphäre des Hofes entstammende Prosawerke, als auch viele Erzählungen, die für die bürgerlichen Leser bestimmt waren.

a) Geschichtensammlungen

Für die beiden ersten Jahrzehnte der elisabethanischen Epoche sind die Sammlungen kurzer Geschichten charakteristisch.

In William Bulleins († 1576) Dialogue ... against the fever Pestilence (1564/65) hört ein reiches Ehepaar, das wegen der Pest London verlassen hat und

[16]) Häufig dienten französ. Übersetzungen als Mittler. Über The First Engl. Translation of the Decameron' vgl. H. G. Wright, Upsala 1953.

sich auf dem Lande in Sicherheit bringen will, ernste und fröhliche, exotische und derb realistische Geschichten über Kuba und die Kannibalen, über Äthiopien und andere seltsame Länder. William Painter (c. 1540—94) veröffentlichte im zweibändigen The Palace of Pleasure (1566/67) 101 heitere, den Werken Boccaccios, Bandellos, Margaretes v. Navarra u. a. entnommene Erzählungen, in denen er Engländer zu den Liebhabern machte.

Diese Sammlung regte wegen ihrer Beliebtheit zu weiteren Zusammenstellungen von Geschichten an. So z. B. Sir Geoffrey Fenton (c. 1539—1608) zu seinen Tragicall Discourses (1567), die dreizehn aus französischen Bearbeitungen übersetzte Novellen des Italieners Bandello umfassen, oder George Pettie (1548—89) zu A petite Pallace of Pettie his pleasure (1576) mit der Alexiuslegende und elf ernst gehaltenen Erzählungen, in denen klassische Mythologie mit Einzelheiten aus dem Leben des 16. Jhs. verschmolzen wurden. Pettie leitete durch seinen Stil direkt zu John Lyly über[17] (vgl. S. 43 f.).

Inhaltlich tat das John Grange (* c. 1556) mit The Golden Aphroditis (1577). Auch er kleidete eine mythologische Erzählung in modernes Gewand, erfand aber eine Handlung, in deren Mittelpunkt die Werbung eines Sir N O. um die Tochter der Göttin Diana steht. Eingestreut sind zahlreiche Lieder, und die Prosa ist von pseudoklassischen Anspielungen und Sprichwörtern durchzogen.

Zu den unmittelbaren Vorläufern John Lylys gesellte sich noch der vielseitige Gascoigne (vgl. S. 39), der aber in The Adventures of Master F. J. (1573) von einer ganz anderen Seite kam. Sehr ausgedehnt schildert er das müßige Treiben in einem großen Hause Nordenglands. Im Mittelpunkt stehen die vergeblichen Werbungen des Gastes F. J. um die Tochter des Hauses und die Liebeleien in der vornehmen Gesellschaft. Daneben werden die alltäglichen Beschäftigungen wie Spiele, Tänze, Geschichtenerzählen und Verseschmieden lebensgetreu dargestellt, allerdings nicht ohne moralisierende Nutzanwendung.

---

17) J Smart in ESts 23 (1941), 9 ff.

b) Lylys ‚Euphues' und Nachfolger

John Lyly[18]) (c. 1554—1606) kombinierte Novellenmotiv, Moral, klassische Mythologie, Patriotismus, moderne Sittenschilderung mit einem vom Hof geschätzten Stil in seinem zweibändigen Roman Euphues. Im ersten Teil, The Anatomy of Wyt (1579/80), erzählt er, wie der geckenhafte Athener Euphues in Neapel Freundschaft mit Philautus schließt, durch eine gelehrte Rede die Gunst von dessen Braut Lucilla gewinnt, sich deshalb mit Philautus entzweit, als reif gewordener Mann aber dessen Freundschaft wiedergewinnt, nachdem Lucilla einem dritten Liebhaber gefolgt ist, und wie er schließlich wegen einer Erziehungsschrift Professor wird. — Diese dürftige Handlung ist aber nur das Gerüst für die Stücke des Romans, die sein humanistisches Wesen ausmachen: eine lange Epistel gegen sinnliche Liebe; eine Paraphrase zu Plutarchs Abhandlung über Kindererziehung in Aschams Geist (vgl. S. 38); ein Disput zwischen Euphues und einem Atheisten; und ferner Briefe, die — wie alles andere — die Absicht verfolgen, der Erziehung des Gentleman zu dienen.

Im zweiten Teil, Euphues and his England (1580), gelangen die beiden Freunde über Dover und Canterbury, wo sie die ersten Einblicke in den hohen sittlichen Stand des elisabethanischen Englands bekommen, an den Londoner Hof. Philautus fühlt sich beim Anblick der Ehrenjungfrau Camilla so ergriffen, daß er seine Liebe ihr und Euphues gesteht, die aber beide über sein Geständnis empört sind. Nach weiterem vergeblichem Bemühen, Gehör zu finden, wobei ein Zauberer und heimliche Briefe mithelfen sollen, gelingt es schließlich dem gewandten Euphues, seines Freundes Aufmerksamkeit auf ein anderes Mädchen zu lenken. Euphues muß wegen dringender Geschäfte nach Athen zurück, von wo aus er der italienischen Gesellschaft zur Besserung ein Spiegelbild Englands, „das dem Paradies nicht nachsteht", und ein schmeichelhaftes Porträt Elisabeths vorhält.

Der große Erfolg dieses Romans war zweifellos der geschickten Vereinigung der in den damaligen höfischen Kreisen geschätzten Elemente zuzuschreiben: der Fülle humanistischen Wissens, dem im Mittelpunkt stehenden

18) S. A. Tannenbaum, J. L., A Concise Bibl., N. Y. 1940.

„All-begabten", der nationalen Umwertung des italienischen Höflingsideals Castigliones (vgl. S. 41) mit dem patriotischen Blick auf ein idealisiertes England, der vorbildlichen Moral, die so weit ging, daß selbst Liebeswerbungen am Hofe Stirnrunzeln hervorriefen, und schließlich der Einbeziehung des derzeitigen Londons mit seinen höchsten Gesellschaftsschichten.

Lyly verstand es aber auch, im Stil den damaligen Geschmack des Hofes zu treffen. Während die Cambridger Humanisten eine an der Antike orientierte englische Kunstprosa gefordert und praktiziert hatten, wobei sie jede Übertreibung zu meiden versuchten (vgl. S. 15), waren einige Prosaschreiber — darunter vor allem Pettie (vgl. S. 42) — zur stärkeren Betonung einzelner antiker Stilmittel übergegangen. Das steigerte Lyly in *Euphues* zu einer Manier, deren Hauptkennzeichen der antithetische Satzbau, die Alliteration, ständige Anspielungen auf die Klassiker sowie die überreichen Vergleiche mit Bildern aus der Mythologie und aus den mittelalterlichen Tierbüchern sind.

Für die große Mode des ‚Euphuismus' nach 1580 bis in die 90er Jahre zeugt neben der außerordentlichen Verbreitung von Lylys Werk über die Hofkreise hinaus die Fülle der Nachahmungen, von denen allein der sehr fruchtbare Robert Greene[19]) (c. 1558—92) über ein Dutzend lieferte, darunter als die volkstümlichsten die Susannengeschichte *The Myrrour of Modestie* (1584), der von Shakespeare für sein ‚Wintermärchen' ausgewertete *Pandosto* (1588), der arkadische Schäferroman *Menaphon* (1589) und vielleicht als bestes *Ciceronis Amor* (1589). John Dickenson († c. 1600) bereicherte die Gattung durch *Arisbas* (1594), wo das alte Thema der zufälligen Wiedervereinigung entflohener Liebender mit Gedichten in sehr verschiedenen Versmaßen ausgefüllt wird. Von Thomas Lodges[20]) (c. 1558—1625) vier Romanen ist *Rosalynde, Euphues golden Legacie* (1590), der Shakespeare als Quelle für ‚Wie es euch gefällt' diente, der bedeutendste.

[19]) S. A. Tannenbaum, *A Concise Bibl. of R. G.*, N. Y. 1939, Suppl. 1945.
[20]) S. A. Tannenbaum, *Th. L., A Concise Bibl.*, N. Y. 1940.

c) Sidneys ‚Arcadia'

Während die Euphues - Mode anschwoll, beschäftigte sich Sidney (vgl. S. 39 f.) mit seiner Arcadia (gedr. 1590 u. 1593), die für den Hofgeist der 80er und ersten 90er Jahre ebenso charakteristisch war wie für den vielgereisten, oft enttäuschten, freiheitlich gesinnten und romantisch veranlagten Autor.

Die erste um 1580 geschriebene Fassung kursierte nur im Manuskript unter seinen Freunden. In fünf Teilen (‚acts') wird eine verwickelte, romantische Liebesgeschichte erzählt: Pyrocles, der Prinz von Mazedonien, und sein Vetter Musidorus gelangen nach Irrfahrten verkleidet zu dem arkadischen König Basilius, der sich mit der Königin und den beiden Töchtern, Pamela und Philoclea, in ländliche Einsamkeit zurückgezogen hat. Durch Heldentaten gewinnen die beiden Freunde die Zuneigung der Prinzessinnen. Als Basilius den von seiner Frau für Pyrocles zubereiteten Liebestrunk nimmt, erleidet er einen Scheintod. Die beiden Liebespaare werden wegen Mordverdachts ins Gefängnis geworfen. Der plötzlich auftretende König Euarchus von Mazedonien muß seinen Sohn Pyrocles und seinen Neffen Musidorus zum Tode verurteilen. Gerade dann erwacht Basilius, wodurch die Liebenden zu ihrem Glück kommen.

Wahrscheinlich auf Anregung seiner Schwester und als Auswirkung intensiver klassischer Studien machte sich Sidney an eine nicht mehr bis in alle Einzelheiten durchgeführte Neubearbeitung mit dem Ziel, die romantische Erzählung in ein Prosaepos umzuwandeln[21]). In Anlehnung an Vergils Art ließ er die Handlung mit einem Schiffbruch beginnen, durch den das Freundespaar getrennt wird. Musidorus gelangt nach Arkadien in das gastfreundliche Haus Kalanders, dessen Sohn durch Aufständische entführt wird. Als Musidorus diesen befreit, entdeckt er in dem Anführer der Rebellen seinen Freund Pyrocles. Dann setzen im Hause des Basilius die Liebesgeschichten ein, die aber erheblich verwickelter sind als in der ersten Fassung. Die Umarbeitung schwoll durch lange Episoden von Abenteuern und vor allem durch

[21]) A. Wiles in StPh 39 (1942), 167 ff.

ritterliche Kampf- und Turnierschilderungen an. Die alten Charaktere, besonders die Frauen, erhielten vollere menschliche Züge, und eine Reihe neuer Figuren trat hinzu.

Von der Handlung und dem Titel aus muß die Arcadia als frühester englischer Schäferroman[22]) in Prosa betrachtet werden. Tatsächlich kam es dem Dichter aber in erster Linie darauf an, einen geeigneten Rahmen zu finden, um seine Ansichten über die damalige Zeit und ihre Menschen so ausführlich wie möglich zu äußern, und zwar — wie es auch Lyly tat — mit erzieherischen Absichten. Deshalb wurde der Leser letzten Endes über gute und schlechte Herrscher, echte Freundschaft, Tapferkeit, Liebe, Recht, Philosophie, Erziehung, Religion, Architektur, Metrik u. a. m. belehrt, wobei eine Kritik an wesentlichen Seiten des stark diesseits gerichteten Geistes der Hochrenaissance unverkennbar ist. Der ausgedehnten Behandlung der zahllosen Themen entsprach eine etwas differenzierte Art des auf die Muße des damaligen Gebildeten abzielenden, durch Lyly in große Mode gekommenen ‚euphuistischen' Stils

d) Realistische Romane

Zu den beiden zuletzt skizzierten, hauptsächlich für den Hofgeist charakteristischen Romanarten trat im letzten Jahrzehnt eine dritte, die sich besonderer Beliebtheit beim bürgerlichen Publikum erfreute. Nachdem dieses der stilisierenden Art Lylys und der heroisierenden Schau Sidneys überdrüssig geworden war, wandte es sich der realen Welt zu, in der es manches Unerfreuliche, vor allem ein nach 1589 anwachsendes Verbrechertum gab (vgl. S. 35 f.)

Als einer der ersten kehrte sich Greene (vgl. S. 44) von der euphuistischen Mode ab. In der Art der Schelmenromane und an die auch in England vertretenen Schwankbücher[23]) anknüpfend, veröffentlichte er 1591 und 1592 eine Reihe von Büchern über die Bauernfängerei (A Notable Discovery of Coosnage, The Second and the Thirde Part of Connv-catching

[22]) F Kermode, Engl. Pastoral Poetry, Ldn. 1952

[23]) Dazu gehören z B A 100 mery Tales (1526), The Sack-Full of News (1557) und The Geystes of Skoggan (1525).

u. a. m.), die ihn in The Blacke Bookes Messenger (1592) zur Biographie eines wirklichen Verbrechers führten. Von seinen sonstigen vielen Romanen haben zwei stark autobiographischen Einschlag: Greenes Never Too Late (1590), in dem zunächst Francescos bürgerliche Ehe, dann sein lockeres Leben mit der Dirne Infida in London, darauf sein Erfolg als Komödienschreiber und schließlich seine reuige Rückkehr zu seiner Frau geschildert werden; und Greenes Groatsworth of witte (1592), in dem sich Roberto dadurch an seinem reichen Bruder zu rächen versucht, daß er ihn in die Arme einer Dirne treibt und ausbeuten läßt, während er selbst als Dramenschreiber das verdiente Geld bis auf einen geerbten Pfennig vertrinkt. — Greene benutzte die meist düsteren und durch Leidenschaft herbeigeführten Lebensschilderungen moralisierend als Warnung für die, denen — wie ihm selbst — von Schurken und Verbrechern Vernichtung drohte.

Die bange Frage nach dem, was innerhalb der vielen Erschütterungen des Daseins einen dauerhaften Halt zu geben vermag, konnte auch Thomas Nashe[24]) (1567—1601) in seinen Romanen nicht bannen, die im Gegensatz zu Greenes zunächst einen unbekümmert fröhlichen Eindruck machen. Pierce Penilesse (1592) beginnt mit einer Bittschrift an den Teufel, ihm zu seinem Honorar zu verhelfen, und kritisiert dann alles Mögliche in satirischer Weise. In The Unfortunate Traveller[25]) (1594) erzählt der Romanheld Jacke Wilton seine Erlebnisse als Hofnarr Heinrichs VIII., als Zeuge der Niederwerfung des Anabaptistenaufstands in Münster, als Besucher von Thomas More und Erasmus v. Rotterdam, als Gefangener in Venedig und Rom u. a. m. Alles ist so gut beobachtet und so anschaulich geschildert, daß dies Werk zum bedeutendsten Abenteuer- und Zeitroman der Epoche wurde. Nashes Lenten Stuffe (1599) ist ein Loblied auf den Räucherhering, dessen wichtige Rolle in jedem bedeutenden Ereignis der Geschichte zu entdecken ist, so daß er von den Fischen zum König gekrönt und vom Papst heilig gesprochen wird.

---

[24]) S. A. Tannenbaum, A Concise Bibl. of Th. N., N. Y. 1941.
[25]) A. Croston in RESt 24 (1948), 90 ff.

Der Charakter des ausgehenden 16. Jhs. wird schließlich noch durch die Romane des Seidenwebers Thomas Deloney (c. 1543—c. 1600) bestimmt, die das handwerkliche Kleinbürgertum ansprechen[26]). In Jacke of Newberrie (c. 1597) werden die Weber, in Thomas of Reading (c. 1597) die Tuchmacher und in The Gentle Craft (1597) die Schuster in ihrer Alltagssprache realistisch, wenn auch etwas schöngefärbt, dargestellt.

B. Die Versdichtung

Sich in Versen ausdrücken zu können, gehörte in der Hochrenaissance zu den selbstverständlichen Fähigkeiten jedes Dichters. Deshalb gibt es sogar unter den derzeitigen Prosawerken nur wenige, in denen sich nicht auch Gedichte finden, und keinen Romanautor, der sich nicht irgendwie in der Versdichtung versucht hätte.

1. Verserzählungen

Neben der Masse der rein lyrischen Erzeugnisse sind — wie bei der Prosa — die belehrenden Werke kennzeichnend. Unter diesen ist als wichtigstes A Mirour for Magistrates (1559 ff.) zu nennen, das durch die ganze Epoche hindurch die höfischen und bürgerlichen Kreise interessierte. An Lydgates ‚Fürstensturz' (vgl. Bd. I, 150) anknüpfend, wird das tragische Schicksal englischer Fürsten in christlich-stoischer Haltung und zugleich nationalbewußt mit der Absicht dargestellt, alle Menschen zur Gerechtigkeit zu bewegen. Die ursprünglich neunzehn durch Prosaüberleitungen verbundenen Monologe fürstlicher Persönlichkeiten der ersten Auflage (1559) wurden bis zur neunten (1610) auf fast hundert erweitert[1]), von denen nur dem im ‚rhyme royal' abgefaßten Complaint of Henry Duke of Buckingham (1563) des Juristen Thomas Sackville (vgl. S. 58) künstlerischer Wert zukommt. Der ‚Spiegel der Obrigkeiten' vermittelte vielen Dichtern Themen und Charaktere — für Shakespeares Dramen allein mindestens 25mal — und war

[26]) M. E. Hablützel, Die Bildwelt Th. D.s, Bern, 1946; T. Dahl, An Inquiry into Aspects of the Language of Th. D., Kphg. 1951.

[1]) L. B. Campbell, Parts added to The Mirror for Magistrates, Cbr. 1946.

mitverantwortlich für das gegen Ende des 16. Jhs. stärker werdende Bewußtsein von der Unsicherheit und Vergänglichkeit alles Irdischen.

Das allgemeine Interesse an der englischen Geschichte regte zu zahlreichen ähnlichen Verserzählungen an[2]. William Warner (c. 1558—1609) vereinigte in Albions England (1586) Geschichtliches mit Legendärem und Mythologischem. Samuel Daniel[3] (c. 1563—1619) erzählte in The Complaint of Rosamond (1592) das Schicksal der Geliebten Heinrichs II. und versuchte in Civile wars[4] (1595/1609) Englands Aufstieg zur Größe während des 15. Jhs. in achtzeiligen Strophen darzustellen. Der rührige Michael Drayton[5] (1563—1631) bereicherte die nationale Geschichtsdichtung durch Peirs Gaveston (1593), Matilda (1594), Mortimeriados (1596), The Barrons Wars (1603) u. a. m. In den als Beiwerk zur Geschichtsepik entstandenen Englands Heroicall Epistles (1597 ff.) ließ Drayton nach Art von Ovids ‚Heroiden' zwölf in der englischen Geschichte berühmte Liebespaare lange Briefe schreiben.

Diesen Erdichtungen um historische Persönlichkeiten waren bereits solche vorangegangen, in denen das geschichtliche Moment fehlte, so daß reine romantische Liebesgeschichten entstanden, für welche die Übersetzungsliteratur (vgl. S. 39 ff.) reichlich Vorbilder bot. Diese Gattung wurde schon früh vertreten durch Arthur Bro(o)kes († 1563) Romeus and Juliet (1562), das Shakespeare zu seiner ersten Tragödie anregte. Zur Mode kam sie jedoch erst in den 80er Jahren und erreichte ihren Höhepunkt gegen 1595. Drayton (s. oben) trug zu ihr u. a. durch Endimion and Phoebe (1595) bei, Richard Barnfield († 1627) durch The affectionate shepheard (1594), Cynthia (1595) und Cassandra (1595), John Marston[6] (vgl. S. 76) durch The Metamorphosis of Pigmalions Image (1598).

[2]) L. R. Zocca, Elizabethan Narrative Poetry, New Brunswick 1950.
[3]) S. A. Tannenbaum, A Concise Bibl. of S. D., N. Y. 1942.
[4]) M. McKisack in RESt 23 (1947), 226 ff.
[5]) B. H. Newdigate, M. D. and his Circle, Oxf. 1941; S. A. Tannenbaum, A Concise Bibl. of M. D., N. Y. 1941; Ausg. J. Buxton, 2 Bde., Ldn. 1953.
[6]) S. A. Tannenbaum, A Concise Bibl. of J. M., N. Y. 1940.

2. Spensers ‚Faerie Queene'

Ihren künstlerischen Höhepunkt erreichte die nationale Geschichtsschreibung in Edmund Spensers[7]) (1552—99) The Faerie Queene[8]) (1589 u. 1596) Nachdem der Dichter vor 1580 mit diesem Werk begonnen hatte, reifte in ihm während der nächsten zehn Jahre, als er sich in Irland befand[9]), der Plan, zur Verherrlichung Englands ein Epos zu schaffen Getreu den Richtlinien seines Freundes Sidney (vgl. S. 39 f.) wollte er — wie aus einem an Sir Walter Rale(i)gh[10]) gerichteten Brief zu ersehen ist — zur Erziehung eines Gentleman an dem sagenhaften König Arthur und an einer Reihe anderer, den Engländern bekannten Helden zunächst die vier Kardinaltugenden und acht weitere von ihnen abzuleitende Nebentugenden bis zur Vereinigung Arthurs mit der Feenkönigin Gloriana darstellen[11]). Zugleich aber sollte allegorisch ein gegenwärtiges nationales Wunschbild symbolisiert werden, nämlich die Errichtung eines Reiches ritterlicher Tugenden durch Elisabeth (= Gloriana) und Leicester (= Arthur).

Fertiggestellt wurden von dem allzu umfassend angelegten und wiederholt umgeänderten Plan nur sechs Bücher[12]), in denen sechs Tugenden an den Abenteuern von sechs Tafelrundenrittern dargestellt werden, die diese im Kampf gegen die bösen Mächte zu bestehen haben, während sie in Arthurs Diensten nach der Feenkönigin Gloriana suchen.

Die Verquickung entgegengesetzter Welten — der antiken Philosophie mit dem Ideal des christlichen Ritters[13]),

[7]) A C Judson The Life of E. Sp, Baltimore 1945; H. S. Jones, A Spenser Handbook, N Y [5]1947; Ausg E. Greenlaw u. a. 10 Bde, Baltimore 1932/49

[8]) L Bradner, E. Sp and the Faerie Queene, Chicago [2]1950; R Hoopes in RESt 5 (1954), 14 ff

[9]) R Heffner in 'Mod Lang Quarterly' 3 (1942), 507 ff

[10]) E A Strathmann, Sir Walter Ralegh, N Y 1951; Ph Edwards Sir W R, Ldn 1958; W Owen in JELH 19 (1952), 165 ff ders in PMLA 68 (1953), 1079 ff

[11]) J W Bennett, The Evolution of ‚The F Qu.', Chicago 1942

[12]) J Walter in MLR 36 (1941), 37 ff. u. 38 (1943), 1 ff; E. Sirluck in MPh 49 (1951/52), 73 ff

[13]) A Woodhouse in JELH 16 (1949), 194 ff

puritanischer Frömmigkeit[14]) mit den Lehren Machiavellis — und die oft verwickelten allegorischen Beziehungen[15]) (Arthur ist z. B. nicht nur Leicester, sondern daneben die Tugend der Hochherzigkeit und auch noch die Idee des christlichen Mittlers) machten dieses Nationalepos undurchsichtig.

Genährt durch die irische Landschaft mit ihren dunklen Wäldern, ihrer Einsamkeit und ihren weiten Sümpfen, tragen die Schilderungen des Feenreiches, seiner Bewohner, der Abenteuer und Episoden typisch romantische Züge. Unverkennbar kommen auch noch Töne zum Vorschein, die entsagungsvoll auf eine bessere jenseitige Welt mit ihrer wahren Beständigkeit verweisen, wofür wohl ebenfalls des Dichters Erlebnisse in Irland bestimmend waren[16]).

Auch dieses Werk entsprach dem Geschmack des elisabethanischen Hofes in den 90er Jahren, und noch bei vielen späteren Dichtern löste es Bewunderung aus. Man empfand Spensers künstlerische Fähigkeiten, die vor allem in seiner Einbildungskraft, in der Fülle schöpferischer Bilder, im Entzücken an der sinnlichen Schönheit und in seiner melodiösen Sprache liegen, die er durch den Gebrauch veralteter oder neu gebildeter englischer Wörter zu bereichern suchte[17]). Er verband acht jambische Fünfheber und einen Alexandriner zu einer neuen feierlich anmutenden Strophenform, die in der englischen Literatur lebendig blieb.

3. Die lyrische Dichtung

a) Volkstümliche Lieder

Die sich schon in der ersten Hälfte des 16. Jhs. zeigende Freude am Lied (vgl. S. 22 ff.) stieg unter Elisabeth zu einer allgemeinen Begeisterung an[18]). Davon künden neben den vielen Liedeinlagen in den Prosaerzählungen und Dramen vor allem die zahlreichen Liedersammlungen.

---

[14]) J. Fletcher in PMLA 58 (1943), 634 ff.; V. K. Whitaker, The Religious Basis of Sp.'s Thought, Stanford/Cal. 1950.

[15]) M. Falls in StPh 50 (1953), 457 ff.

[16]) R. Jenkins in JELH 19 (1952), 131 ff.

[17]) F. Padelford in PhQ 20 (1941), 279 ff.

[18]) C. Ing, Elizabethan Lyrics, Ldn. 1951; H. D. Smith, Elizabethan Poetry, Cbr./Mass. 1952.

Nachdem Tottel's Miscellany erschienen war (vgl. S. 23 f.), folgten bis zu zehn Auflagen als wichtigste The Paradyse of daynty devises (1576), A gorgious Gallery of gallant Inventions (1578), A Handefull of pleasant delites (1584), A Banquet of Dainty Conceits (1588), The Phœnix Nest (1593), The Passionate Pilgrim (1599), Englands Helicon, Englands Parnassus[19]) (1600) und Poetical Rapsody (1602). Dazu kamen noch die z. T. mit Noten versehenen Lieder- und Madrigalbücher, unter denen die von Thomas Whyrthorne (1571), Nicholas Yonge (1588), William Byrd (1588 ff.), John Dowland (1597 ff.), Thomas Morley (1601) und Thomas Campion[20]) (1601) die verbreitetsten waren.

In großer Zahl überliefern sie und viele andere Natur-, Liebes-, Trink-, Eß-, Fest- oder Trauerlieder und religiöse Gesänge. Auch die im 15. Jh. aufblühenden Balladen (vgl. Bd. I, 152 ff.) lebten in ihnen weiter. Die komplizierten, von den Niederlanden und Italien eingeführten Madrigale, in denen bis zu sechs Stimmen nebeneinander gesungen wurden, zeugen von dem hohen musikalischen Können jener Zeit[21]). Außer den anonymen volkstümlichen Liedern enthalten die Anthologien Hunderte von solchen, die von Hofdichtern verfaßt worden waren.

b) Die Kunstpoesie

Neben dieser volkstümlich gehaltenen Lyrik entstand eine vom Hof inspirierte und für diesen in erster Linie bestimmte Kunstpoesie. Barnabe Googe (1540—94) trat durch die Eglogs, Epytaphes, and Sonettes (1563) hervor, welche die von Barclay eingeführte moralisch-allegorische Richtung (vgl. S. 22) mit der antikrenaissancemäßigen Liebesekloge verbinden und außerdem politische und puritanisch gefärbte religiöse Züge mit aufnehmen.

19) Ausg. Muses' Libr., Ldn. 1950.

20) R. Short in PMLA 59 (1944), 1003 ff.

21) Zwischen 1590 und 1620 erschienen etwa 40 Bde. mit Madrigalen.

George Turbervil(l)e[22]) (c. 1544 — c. 1597) verfaßte einen dicken Band Epitaphes, Epigrams, Songs and Sonets (1567) und schrieb unter dem Titel Epitaphes and Sonettes (gedr. 1587) Versbriefe und Gedichte aus Rußland, wohin er 1568 geschickt worden war, um für englische Kaufleute Privilegien zu sichern.

Gascoigne (vgl. S. 42) bereicherte die elisabethanische Lyrik durch mindestens 21 Gedichte in der anoymen Sammlung A Hundreth sundrie Flowres[23]) (1573), aus der The Posies of George Gascoigne (1575) mit einer Anordnung nach dem moralischen Wert hervorgingen. In seiner Blankverssatire The Steele Glas (1576) prangerte er die Sünden und Laster der Zeit an, und ein Jahr später überreichte er der Königin The Grief of Joye (1577), vier ganz puritanisch gehaltene Gedichte, die von den Ausschweifungen der Jugend, von den Irrwegen der Macht und Stärke sowie von der Vergänglichkeit der Schönheit handeln, wodurch Gascoigne, der zunächst einer der wichtigsten Vermittler italienischer Kultur gewesen war, als einer der ersten die wiederholt erwähnten weltentsagenden Töne anschlug.

Als die starke Abhängigkeit von den klassischen und italienischen Vorbildern zur Schablonenhaftigkeit geführt hatte, fanden die hervorragendsten Hofdichter Mittel, eigene Wege zu gehen[24]). Sidney (vgl. S. 45 f.) schrieb Astrophel and Stella (1580/84, gedr. 1591) zwar auch unter dem Einfluß Petrarcas, doch legte er in den 108 Sonetten und 11 Liedern den Widerstreit zwischen Platos Tugendlehre und seinen persönlichsten Empfindungen zu Stella dar, der mit der Entsagung auf irdische Schönheit und im Streben nach Tugend sein Ende fand.

Auch für die Dichtkunst der elisabethanischen Epoche bedeutete Spenser (vgl. S. 50 f.) den Höhepunkt. Nach klassischen, italienischen und französischen Vorbildern veröffentlichte er unter dem Pseudonym ‚Immeritô' und mit

---

22) J. E. Hankins, The Life and Works of G. T., Lawrence/Kans. 1940.

23) Ausg. Ch. T. Prouty, Columbia/Mo. 1942.

24) V. L. Rubel, Poetic Diction in the Engl. Renaissance, N. Y. 1941.

Anmerkungen eines gewissen E. K. The Sheapheardes Calender[25]) (1579), eine unter den Monatsnamen zusammengestellte Folge von zwölf Eklogen, in denen in mannigfachen Metren und in allen Arten des Hirtenliedes sehr verschiedene Themen behandelt werden, wie z. B. die erfolglose Werbung Colin Clouts um Rosalind, puritanische Ansichten über die Bischöfe, Klagen über die Vernachlässigung der Dichtung bei den Reichen und Adligen. Alle Schäfer und Schäferinnen sind allegorisch verwendet. Durch besondere Redefiguren, altertümliche Wörter, Neubildungen u. a. m. erstrebte Spenser — wie in seiner ‚Feenkönigin' (vgl. S. 50 f.) — eine von vielen Humanisten gewünschte, dem Lateinischen ebenbürtige Sprache. Seine dichterische Eingebung, seine Fähigkeiten, sowohl lyrisch tief als auch realistisch echt zu gestalten, sein ausgeprägter Sinn für Rhythmus und sein Empfinden für klangliche Effekte[26]) verschafften ihm nicht nur bei seinen Zeitgenossen Ruhm, sondern ließen ihn vielen späteren Dichtern als Vorbild erscheinen.

Die in seinem Erstlingswerk offenbarten Eigenschaften kennzeichnen auch Spensers folgende Gedichte, die er neben dem ‚Feenkönigin'-Epos (vgl. S. 50 f.) schrieb, mit deren Veröffentlichung er aber erst gegen Ende seiner politischen Tätigkeit in Irland begann. Die Complaints (1591) handeln von der Vergänglichkeit der Schönheit und Größe, vom Verfall der Künste und Wissenschaften, vom Hinscheiden teurer Freunde, von der höfischen Scheinwelt und von der Spannung zwischen Ideal und Wirklichkeit. Seine Dichtung Amoretti (1595) ist eine Sammlung von 88 Sonetten, für die Spenser eine besondere Form schuf, bei der drei Quartette nach dem Muster abab bcbc cdcd gebunden und von einem Reimpaar ee gefolgt sind. Inhaltlich wird in Anlehnung an neuplatonische Gedankengänge[27]) des Dichters Werbung um seine zweite Frau dargestellt. Das Hochzeitsgedicht Epithalamion (1595), das als das beste seiner Art gilt, besingt in 24 Strophen den Ablauf des Hochzeitstages mit zahlreichen Anspielungen auf die klassische Mythologie,

[25]) L. Spitzer in StPh 47 (1950), 494 ff.
[26]) R. Gottfried in JELH 19 (1952), 203 ff.
[27]) E. Casady in PhQ 20 (1941), 284 ff.

wobei der Dichter dennoch volkstümlich zu bleiben versucht, wenn er z. B. die Nymphen als glückwünschende Töchter der Pächter, Fischer und Hirten auftreten läßt.

Zu Spensers letzten Veröffentlichungen gehören die Fowre Hymnes (1596), die von der irdischen oder natürlichen und von der himmlischen Liebe und Schönheit handeln. Nach der Veredelung der irdischen Liebe zum Abglanz einer platonischen Idee nahm Spenser — wie in seinen Sonetten und in seinem großen Epos (vgl. S. 50 f.) — eine weitergehende Verchristlichung des Platonismus vor, indem er äußere Schönheit zu einer Seelenmacht stempelte, die zu Gott — als dem Inbegriff aller Schönheit — führen kann.

Da die bedeutendsten Dichter jener Zeit das durch Wyatt und Surrey eingeführte Sonett so stark pflegten, wurde es zur Mode. Es verging kein halbes Jahr, in dem nicht zwischen 1591 und 1597 entweder in Anthologien — wie etwa in Phœnix Nest (vgl. S. 52) — oder als besondere Sammlungen Sonette erschienen, wie z. B. Samuel Daniels Delie (1592), Henry Constables Diana (1592), Thomas Watsons Tears of Fancie (1593), Barnabe Barnes Parthenophil and Parthenophe (1593), Giles Fletchers Licia (1593), Thomas Lodges Phillis (1593), William Percys Coelia (1594), Michael Draytons Ideas Mirrour (1594) u. a. m. Diese Welle erreichte gegen 1596 ihren höchsten Stand und fiel dann schnell ab, als man augenscheinlich der idealisierten Liebenden und Geliebten — wie in den Verserzählungen (vgl. S. 49) — überdrüssig geworden war. In der Form folgten die Verfasser der durch Surrey eingeführten (vgl. S. 24), die auch Shakespeare übernahm, der im Unterschied zu allen Zeitgenossen zum Thema von 154 Sonetten[28]) seine Liebe zu einem Jüngling wählte, die später durch eine ‚dunkle Dame' getrübt wurde.

C. Das Drama

Die für die Prosa und für die Versdichtung festzustellende Vielseitigkeit erreichte im Drama ihre größte Steigerung. Außerdem entfaltete sich die schon für die erste Hälfte des 16. Jhs. charakteristische Freude am dramatischen Gestalten so, daß in der elisabethanischen Epoche

28) Ausg. H. E. Rollins, 2 Bde., Ldn. 1944.

Hunderte von Bühnenwerken — darunter die wertvollsten aller Zeiten — entstanden. Dafür waren neben den talentierten und genialen Dichtern die bestehenden Ausgangspositionen entscheidend (vgl. S. 32 f.).

Auch unter den dramatischen Darstellungen gab es solche, die der Unterhaltung oder Belehrung weiter Kreise dienen sollten, und andere, die nur für den Hof bestimmt waren. Das Volk erfreute sich noch an den Misterien-Zyklen (vgl. S. 25), bis ihre Aufführungen in den 70er Jahren durch Maßnahmen kirchlicher und staatlicher Instanzen, die in ihnen eine Stütze des Katholizismus erblickten, zum Erliegen kamen[1]). Ebenso wurden die Moralitäten noch lange gepflegt und nahmen erst nach 1570 an Zahl ab. Im Mittelpunkt der höfischen Festlichkeiten standen neben vereinzelten Interludien häufig Maskenspiele (vgl. S. 30), für die Elisabeth viel übrig hatte. Am Ende der Renaissance waren sie so weit entwickelt, daß sie sich unter den ersten Stuartkönigen zur vollen Blüte entfalten konnten (vgl. S. 81 f.). Am bedeutendsten für die Geschichte des Dramas waren die wiederum für verschiedene Zuschauerkreise bestimmten Komödien, Tragödien und Historienstücke.

1. Die Komödien

Nachdem sich bis um die Mitte des 16. Jhs. die englische Komödie an den Schulen und Universitäten herausgebildet hatte (vgl. S. 30 f.), wo sie vor kleinen Auditorien weiter gedieh, kamen ihr neue Anregungen aus Italien. Die nach dem Vorbild von Grazzinis ‚La Spiritata' konstruierte anonyme Komödie T h e B u g b e a r s (c. 1561) brachte den verliebten Alten, dem ein geiziger Vater seine Tochter verheiraten will, und den jungen Liebenden, der mit Hilfe des schlauen Dieners Biondello die Tochter gewinnt. Gascoignes (vgl. S. 53) T h e S u p p o s e s (1566) übermittelte nach Ariosts ‚Gli Suppositi' die komischen Gestalten, die als Lucentio, Tranio, Gremio und Vincentio in Shakespeares ‚Zähmung der Widerspenstigen' auftreten. F e d e l e a n d F o r t u n i o (1585) stellte zwei Liebespaare auf die Bühne, die nach Verwicklungen und Intrigen zusammengeführt werden, wie es in Shakespeares

[1]) H. C. Gardiner, a. a. O., 65 ff.

‚Sommernachtstraum', ‚Die beiden Veroneser' und ‚Viel Lärm um nichts' der Fall ist.

Inzwischen hatte Lyly (vgl. S. 43 f.) begonnen, der Komödie andere Wesenszüge hinzuzufügen. Wie ‚Euphues', so tragen auch seine acht Bühnenstücke eine starke moralische Note. Dort wie hier treten gebildete und fein empfindende Menschen in geistreichen Dialogen auf und vollbringen großmütige Taten. Parallel zur romantischen Haupthandlung läuft eine Nebenhandlung mit entgegengesetzten Charakteren. Die Figuren erscheinen in symmetrischen Gruppen, was dem euphuistischen Satz mit seinen Parallelismen und Antithesen (vgl. S. 44) entspricht.

In Alexander, Campaspe and Diogenes (c. 1580) werden Alexanders Liebe zur gefangenen Thebanerin und seine großmütige Entsagung dargestellt. Auch Sapho and Phao (1581) endet mit einem Verzicht. Die Königin von Syrakus entsagt der Liebe zu dem schönen Fährmann Phao. Endimion (1585) spielt mit der Liebe des gleichnamigen Schäfers zur Mondgöttin Cynthia auf die wechselnden Beziehungen Elisabeths zu Leicester an. In mythologischem Gewande erschienen auch der gegen Philipp von Spanien gerichtete Midas (1589), die Hirtenspiele Gallathea (1584), Loves Metamorphosis (1584/88) und das im Blankvers geschriebene The Woman in the Moone (1591/93). Eine Ausnahme unter Lylys Stücken bildet Mother Bombie (1589/90) wegen der realistischen Schilderungen des Alltagslebens in Rochester.

George Peele[2]) (1556—96) bereicherte die Komödie durch den heiteren Ton, zu dem er durch Ironie und durch die Gegenüberstellung von Wirklichkeit und Erdichtetem gelangte. The Old Wives Tale (c. 1592) bringt nach einer Einleitung, in der die Frau eines Schmieds drei verirrten Burschen das Märchen von der Königstochter Delia zu erzählen versucht, dieses Märchen humorvoll und mit feinem Gefühl für das Lyrische zur Darstellung.

Noch stärker als hier findet sich das Romantische bei Robert Greene (vgl. S. 46). Die in Blankversen verfaßte,

[2]) D. H. Horne, The Life and Minor Works of G. P., New Haven 1952.

von Ariost angeregte Komödie Orlando Furioso (1588/89) lieferte ein Musterbeispiel für die Unwahrscheinlichkeiten der Ritterdramen. Die dann folgenden Scottish Historie of James the Fourth (1590) — eine Liebesgeschichte des Schottenkönigs — sowie Frier Bacon and frier Bongay (1591) sind geschickte Mischungen von Liebesabenteuern, ländlichen Szenen, Feen, Zaubereien, klassischen Reminiszenzen, plautinischen Scherzen und von Pseudogeschichte. Die Frauengestalten lassen erstmals echte Herzensregungen erkennen.

2. Die Tragödien

Für die Tragödie gab es bis zur elisabethanischen Ära nur wenige Ansätze (vgl. S. 31), bei denen ‚tragedy' zunächst nichts anderes als einen durch plötzliches Unglück verursachten Sturz bedeutete. Nur in dem Maße, wie sich die Überzeugung vom Menschen als Mikrokosmos verringerte, entwickelte sich im Laufe der zweiten Hälfte des 16. Jhs. der Sinn für das wirklich Tragische, wozu vor allem die Beschäftigung mit Lydgates ‚Fürstensturz' (vgl. Bd. I, 150) und ‚Der Spiegel der Obrigkeiten' (vgl. S. 48 f.) mit der Darstellung von sittlichem Wollen, freien Entscheidungen, tragischer Schuld und Selbstanklagen verhalfen. Erst nachdem dadurch das Verständnis für Senecas Werke vorhanden war, wandte man sich diesem Autor immer mehr zu und ahmte ihn nach[3]).

Das früheste Beispiel dafür ist die von Rechtsstudenten im ‚Inner Temple' aufgeführte Tragedie of Gorboduc (1561), die vor der Königin als Ferrex and Porrex (1562) wenig verändert wiederholt wurde. Die Autoren Thomas Norton (1532—84) und Thomas Sackville (1536—1608) behandelten das tragische Schicksal des Britenkönigs Gorboduc, der einen Teil seiner Macht an seine Söhne Ferrex und Porrex abtritt, wodurch ein Bürgerkrieg entsteht, in dessen Verlauf das Königshaus untergeht und das Reich zerfällt.

Die Einteilung in fünf Akte, die sie kommentierenden Chorlieder, das Rachemotiv, der Wechsel von Rede und

---

[3]) H. Glunz in ‚Shakespeare-Jahrb.' 78/79 (1943), 39 ff.; W. Clemen, Die Tragödie vor Shakespeare, Hdbg. 1955.

Gegenrede sowie der Sentenzenreichtum sind Seneca nachgeahmt. Der Stoff, der ethische Grundgedanke, Lieder, Einlagen von Pantomimen und die erstmalige Verwendung des Blankverses im Drama sind englisch.

Alles das wirkte richtunggebend bis zu Shakespeare, und zwar war in den zahlreichen Bühnenstücken entweder die klassische Seite gewahrt — wie z. B. in Jocasta (1566), Gismond of Salerne (c. 1567), The Misfortunes of Arthur (1588) — oder es wurde dem Volkstümlichen und Komischen so viel Raum gegeben, daß ein ausgesprochenes Mischdrama entstand, wie etwa Appius and Virginia (1563), Horestes (c. 1565), Cambises (1570) und Promos and Cassandra (1578).

Der nächste entscheidende Schritt in der Richtung auf Shakespeares große Tragödien bestand in der Darstellung von Charakteren, die nicht mehr als Fürsten oder Adlige, sondern als auf sich gestellte und an keine Autorität gebundene Menschen handelten. Das entsprach der sich in der zweiten Hälfte des 16. Jhs. herausbildenden bürgerlichen Anschauung (vgl. S. 34 f.), der gemäß auch die erhabene Stilart des Pathos als unangebracht galt.

Der aus dem Bürgertum stammende Thomas Kyd[4]) (1558 bis 1593) zeichnete in der oft gespielten The Spanish Tragedie (c. 1586) den spanischen Prinzen Lorenzo als einen Gewaltmenschen, der Spanien zu einer Großmacht entwickeln möchte und zu dem Zweck — seiner Natur und sittlichen Verpflichtung gemäß — nicht vor List, Heuchelei und Mord zurückschrickt. Die Gegenspieler aber erheben den gleichen Anspruch, sich durchzusetzen und beantworten Lorenzos Handlungen mit Rache. Die daraus entstehende Tragik — die Vernichtung von acht Menschen — folgt nicht durch Gott, sondern aus dem Anspruch auf Selbstherrlichkeit der Individuen.

Auch der aus dem Bürgertum hervorgegangene Christopher Marlowe[5]) (c. 1564—93) behandelte in drei Tra-

[4]) S. A. Tannenbaum, A Concise Bibl. of Th. K., N. Y. 1941.

[5]) J. Bakeless, The Tragical Hist. of Ch. M., 2 Bde., Cbr./Mass. 1942; P. H. Kocher, Christopher Marlowe, Chapel Hill 1946; M. Poirier, Christopher Marlowe, Ldn. 1951; Ph. Henderson, Christopher Marlowe, Ldn. 1952; F. P. Wilson, Marlowe and the Early Shakespeare, Oxf. 1953; R. Eagle in NQ 197 (1952), 399 ff.; P. Mundy in NQ 1 (1954) 328 ff.

gödien Gewaltmenschen. Aus dem Drang, das Universum zu beherrschen, erobern sie die von ihnen verschieden geschaute Welt ohne Rücksicht auf christliche Grundsätze, was dem Autor den Vorwurf einbrachte, Atheist zu sein. In Tamburlaine the Great[6]) (1587) geht es um die Beherrschung von Königreichen. Tamburlaine, der durch seine Willensanstrengungen und teils auch durch seine Launen alle menschlichen Grenzen zu übersteigen strebt und sich dennoch sogar als Geißel Gottes bezeichnet[7]), erscheint schließlich auf einem von Königen gezogenen Wagen. Seine Maßlosigkeit muß er aber mit geistiger Umnachtung bezahlen. — The Rich Jew of Malta (c. 1590), Barabas, sieht die größte Macht im Golde. Dem Zugriff des Gouverneurs von Malta, Farnese, auf sein ganzes Vermögen begegnet Barabas dadurch, daß er die Hälfte unter seinem Hause vergräbt und, nachdem dies in ein Kloster umgewandelt wird, seine Tochter Abigail überredet, als Nonne den Schatz zu hüten. Den Intrigen und Racheplänen fallen Farneses Sohn, Abigail, ihr Liebhaber, viele Nonnen und zwei Mönche zum Opfer. Als die Türken Malta belagern, verrät Barabas die Stadt an sie und wird an Farneses Stelle gesetzt. Vor der Durchführung seines letzten Plans, die Türken dem ehemaligen Gouverneur in die Hände zu spielen, fällt er in einen Kübel mit kochendem Wasser. — Thema von The tragicall History of D. Faustus[8]) (c. 1589 oder 1592) ist das Streben nach göttlicher Macht durch die Magie, wozu Faust mit dem Teufel zwei Pakte abschließen muß, nach denen er der Hölle verfällt.

3. Die Historiendramen

Während die Komödien und Tragödien in der Antike vorgebildet worden waren und bis zur Gegenwart weiterleben, handelt es sich bei den Historiendramen (‚History Plays')[9]) um ein typisches Produkt der Renaissance. In

[6]) R. W. Battenhouse, M.s Tamburlaine, Nashville 1941; P. Kocher in StPh 39 (1942), 207 ff.; Th. Izard in MLN 58 (1943), 411 ff.; H. Dick in StPh 46 (1949), 154 ff.; I. Ribner in JEGPh 53 (1954), 569 ff.

[7]) I. Ribner in ELH 20 (1953), 251 ff.

[8]) Ausg. W. W. Greg, Oxf. 1950; P. Kocher in MLN 55 (1940), 95 ff.; ders. in MLN 58 (1943), 539 ff.; L. Kirschbaum in RESt 19 (1943), 225 ff.; Analyse bei W. Hübner, a. a. O., 79 ff.

[9]) W. Schirmer in Kleine Schriften, Tübg. 1950, 109 ff.; I. Ribner in PMLA 69 (1954) 591 ff.

bewegter Handlung wird ein den Geschichtschroniken (vgl. S. 38) entnommener, für wahr gehaltener Stoff zum Ruhme Englands, zur Lehre für die zeitgenössischen Politiker und — bei politischen Katastrophen — zur Festigung stoischer Haltung dargestellt.

Zum frühesten Vorläufer dieser Gattung wurde Bale (vgl. S. 27) dadurch, daß er in den Mittelpunkt seiner Moralität Kynge Johan (c. 1533) einen englischen König stellte. Der nächste Vorläufer war Thomas Legge († 1607) durch Richardus Tertius (1579), eine lateinisch geschriebene Art von Seneca-Tragödie, die statt des mythologischen einen historischen Stoff bot[10]) und durch pantomimische Aufzüge aufgelockert wurde. Eine dritte Variante kam von der Volksbühne her, auf der man begonnen hatte, historische Stoffe darzubieten. Das erste Beispiel dafür liefern The Famous Victories of Henry the fifth (1588), eine lockere Folge von komischen und patriotisch-ernsten Szenen ohne Charakterentwicklung.

Alle drei Spielarten wurden von den 90er Jahren ab gepflegt, wobei sich die von Bale vorgedeutete als die künstlerisch bedeutsamste erwies. Auch Marlowe bereicherte diese durch The Troublesome Raigne ... of Edward the Second (c. 1591)[11]). Im Gegensatz zu seinen großen Tragödien, deren Titelhelden Gewaltmenschen sind, wird versucht, Eduard II. historisch getreu als schwärmerischen König mit tragischen Konflikten zu zeichnen. Durch die vertiefte Charakterdarstellung, den meisterhaften dramatischen Aufbau und die geschickt gehandhabten Blankverse kam Marlowe Shakespeare sehr nahe, der die verschiedenen Arten der ‚History Plays' zu Höhepunkten führte.

Bis zum Beginn der 90er Jahre hatten sich auch für die Komödie und Tragödie (vgl. Kap. C 1 und C 2) alle Elemente entwickelt, die notwendige Voraussetzungen für das umfangreiche Schaffen des größten Dramatikers waren, dem wegen seiner einzigartigen Bedeutung der Sonderband ‚Shakespeare' gewidmet werden mußte[12]).

---

[10]) W. Zeeveld in PMLA 55 (1940), 946 ff.

[11]) B. Sunesen in ESts 35 (1954), 241 ff.

[12]) P. Meissner u. M. Lehnert, Shakespeare, Samml. Göschen 1142, Bln. 1954.

Die durch Kyd, Marlowe und ihre zahlreichen Nachahmer vorgenommene Wendung zu bürgerlichen Charakteren hatte die Ausweitung der Zuhörerschaft zur Folge. Die Handwerker, Kaufleute und Soldaten mit ihren Frauen waren nunmehr ebenso an den Dramen interessiert, wie die Gelehrten, Juristen und auch viele Höflinge mit ihren Damen. Wahrscheinlich von der Anordnung in den Wirtshaushöfen ausgehend (vgl. S. 33), konstruierte James Burbage für dieses Publikum im Nordteil Londons 1576 ,The Theatre', einen runden, nach oben offenen Bau. Nach diesem Muster entstand bis zur Jahrhundertwende — meistens auf der südlichen Themseseite — ein halbes Dutzend Theater, von denen ,The Rose' (1587), ,The Swan' (1594) und ,The Globe' (1599) mit einem Fassungsvermögen von mehr als 2000 Zuschauern die berühmtesten waren.

Gewöhnlich wurden diese Theater für gewisse Spielzeiten an die Schauspielerorganisationen vermietet, die sich nach einem Gesetz von 1572, das die nicht zu einer Truppe gehörenden Schauspieler als „Vagabunden" brandmarkte, dem Patronat eines Adligen unterstellt hatten. Die Frauenrollen übernahmen Knaben oder junge Männer, wodurch ein besonderer Anreiz für die zahlreichen Verwechslungskomödien der elisabethanischen Zeit gegeben war.

Die rund 100 qm große Bühne erstreckte sich weit in den Raum hinein, in dem die einfachen Zuschauer (,groundlings') standen, während das bessere Publikum von den Galerien aus das Spiel verfolgen konnte. Ein Vorhang trennte diese Plattform von der überdachten Hinterbühne, deren unterer Teil auch als Umkleideraum diente, und deren Obergeschoß für Balkon-, Zimmer-, Fensterszenen oder dgl. vorgesehen war[13]). Bei dieser Anordnung konnten die Aufführungen am frühen Nachmittag pausenlos vonstatten gehen. Entsprechend dem allgemeinen Prunkbedürfnis der Zeit hat es auch bei der Ausgestaltung der

---

[13]) Gegenüber dieser seit Jahrzehnten vertretenen Auffassung (vgl. zuletzt C. W. Hodges, The Globe Restored, Ldn. 1953) vertritt L. Hotson die Ansicht, daß es sich zu dieser Zeit um eine von allen Seiten einzusehende, in der Mitte des Theaters befindliche „Raumbühne" gehandelt habe (vgl. ,The Atlantic' 193, Boston 1954, 62 ff.).

Bühnen und bei der Kostümierung gewiß nicht an Pracht gefehlt. Da die Mimik nicht durch Lichteffekte unterstützt werden konnte, kam dem gesprochenen Wort eine besonders hohe Bedeutung zu[14]). — Neben diesen Volkstheatern entstanden für die seit Heinrich VIII. zur Unterhaltung herangezogenen königlichen Sängerknaben[15]) und für die Chorknaben der ‚St. Paul's School' zwei ‚Private Theatres' — eins davon ‚Blackfriars' (1576) — mit Dächern. In ihnen kamen bei künstlichem Licht vor Gebildeten — oft in Anwesenheit der Königin — anspruchsvolle Stücke, wie z. B. die von Lyly, zur Aufführung.

Eine Rückschau auf das Schrifttum der englischen Hochrenaissance zeigt neben der schon in der ersten Hälfte des 16. Jhs. festzustellenden Mannigfaltigkeit literarischer Gattungen deren Entfaltung zu künstlerischen Höhepunkten.

Mit der Thronbesteigung der Königin Elisabeth änderte sich nicht sogleich alles. Die religiöse und die pädagogische Prosa unterstreichen nur die Leistungen der vorangegangenen Periode. Noch bis gegen Ende des 16. Jhs. wurden die alten Romane gelesen. Die Literaturkritik blieb im ganzen konservativ und dämpfte sogar die anfängliche Überbetonung der Antike. Vorgezeichnet fand sich auch bereits die moderne historische Denkrichtung.

Doch so wichtig das Übernommene im einzelnen auch sein mochte, es verblaßt angesichts des aus der Aktivität der Hochrenaissance entstandenen Neuen. In allen Kreisen wurden die historischen Versdichtungen, Lieder, Madrigale, Balladen, Romane und vor allem das Drama gefördert. Der Hof, in dessen Mittelpunkt die glorifizierte Königin stand, pflegte in erster Linie das Sonett, den euphuistischen Roman und das Epos, während das Bürgertum größten Anteil am dramatischen Gestalten nahm, das

---

14) R. Watkins, On Producing Shakespeare, Ldn. 1950; B. L. Joseph, Elizabethan Acting, Ldn. 1951; H. Rosenberg in PMLA 69 (1954), 915 ff.

15) E. Pine, The Westminster Singing Boys, in ‚Times Lit. Suppl.' 12. Dez. 1952; A. Müller-Bellinghausen in ‚Shakespeare-Jahrb.' 91 (1955), 182 ff.

Volkstheater schuf und dadurch wesentlich zu der einmaligen Erscheinung Shakespeare beitrug.

Dem Aufstieg zur Weltmacht entsprachen die in allen literarischen Gattungen anzutreffenden nationalbewußten Äußerungen, die sich bis zum Auserwähltheitsgedanken und bis zur Vorstellung von England als einem Paradies steigern konnten. Die größer werdende Zurückhaltung gegenüber den kulturellen Leistungen des Kontinents — selbst der italienischen, die zunächst so anregend gewirkt hatten — war nur eine Folge des wachsenden Nationalstolzes.

Auch die religiösen Spannungen — vor allem der Haß gegen den Katholizismus — und die sonstigen Bewegtheiten des von selbstbewußten, frühreifen, aktiven und für die Welt aufgeschlossenen jungen Männern gestalteten Zeitalters fanden ihren deutlichen literarischen Niederschlag.

Zugrunde lag den verschiedenen Erscheinungsweisen die hauptsächlich durch die Antike vermittelte Überzeugung von der zu Höchstleistungen befähigten Persönlichkeit, die wie ein Mikrokosmos in dem von Gott geordneten Makrokosmos stand und Neues zu wirken hatte. Als nächstliegendes Betätigungsfeld erschien die derzeitige Welt, die es zu erforschen galt, alsdann die Vergangenheit, die bis zu den Ursprüngen aufgedeckt werden sollte.

Dem jugendlichen Glauben, daß alles — selbst ein Übermenschentum — zu erreichen möglich sei, entsprach die positive Wertung der Welt und ihrer Schönheiten. Häufig aber — vor allem gegen Ende der Renaissance — ging das Verlangen auch zu einem irdischen goldenen Zeitalter. Das Geheimnisvolle und Wunderbare blieb dabei nicht unbeachtet. Doch bildeten diese Seiten meistens — und zwar gerade bei den künstlerisch wertvollsten Dichtwerken — nur den Rahmen für das tiefste Anliegen der Renaissance: für die Erziehung zu dem ersehnten Menschenideal, für das es sich lohnte, gegebenenfalls heroisch zu sterben.

Vielfältig wie die Stoffe und Inhalte waren die Formen. In der religiösen Prosa bildete sich ein fester Stil heraus, der richtunggebend für die Zukunft blieb, und in der weltlichen traten zwei Ausdrucksweisen hervor, von denen die eine den Grundsätzen Aschams folgte, die andere von Lyly zur Blüte gebracht wurde. In der Versdichtung gab es eine solche Fülle von Strophenarten und Metren wie zu keiner anderen Zeit in England, und für das Drama entstanden die bis heute wichtigsten Gattungen und der seitdem charakteristische Blankvers.

In dieser Epoche des Vorwärtsdrängens und Planens, der verlangenden Hoffnungen und des dauernden Idealisierens sind aber auch Molltöne in der Literatur vernehmbar, die durch Gedanken an die Unsicherheit und Vergänglichkeit ausgelöst wurden und gegen Ende des Jahrhunderts — parallel zu den sozialen Mißstimmungen (vgl. S. 35 f.) — an Stärke so zunahmen, daß der Mikrokosmosgedanke hier und dort erschüttert scheint.

Gemessen an den vorangegangenen Perioden bedeutete die Renaissance im letzten Grunde die Wiedergeburt des Individuums, das sich der Möglichkeiten zur freien Betätigung seiner Kräfte — im besonderen der Vernunft — bewußt geworden war und sich gegen die früheren Dogmen sowie gegen die einstigen Ideale der Askese, der Armut, der Beschaulichkeit und des Klosters wandte, wenn auch die letzten Konsequenzen noch längst nicht gezogen wurden.

DIE BAROCKPERIODE

(Ende des 16. Jhs. bis c. 1660)

DIE POLITISCHEN, RELIGIÖSEN UND PHILOSOPHISCHEN AUSEINANDERSETZUNGEN

Je mehr gegen Ende des 16. Jhs. der Mikrokosmosgedanke (vgl. 34 f.) ins Wanken kam, um so unsicherer wurden die Menschen und gerieten in vielfache Konflikte, um deren Überwindung sie sich bis in das letzte Drittel des 17. Jhs. hinein meist vergeblich bemühten. Da diese Epoche geistesgeschichtlich immer mehr als eigenständige Periode erkannt wird, ist auch der Literarhistoriker berechtigt, sie — parallel zu den bildenden Künsten — als ‚Barock' zu etikettieren und gegen die vorangehende Renaissance und das folgende Zeitalter der Aufklärung abzugrenzen.

Innenpolitisch ging es um die Auseinandersetzung zwischen König, Adel und Geistlichkeit auf der einen Seite und dem Bürgertum, das sich durch den ersten Stuart Jakob I. (1603—25) mit seiner überbetonten königlichen Würde brüskiert fühlte, auf der anderen. Andauernde Geldsorgen brachten Jakob I. jedoch in immer größere Abhängigkeit zum Parlament.

Unter Karl I. (1625—49), der, wie sein Vater, vom Gedanken des Gottesgnadentums durchdrungen war, gingen die Kämpfe erbittert weiter, wozu Karls Vermählung mit einer katholischen Prinzessin, seine Begünstigung der Bischöfe, Finanznöte und Parlamentsauflösungen wesentlich beitrugen. Die zunehmende Macht der Bürgerlichen dokumentierte sich besonders in der ‚Petition of Rights' (1628) und nach einer zwölfjährigen absoluten Herrschaft des Königs in den revolutionierenden Forderungen des

'Long Parliament' (1640—53) um Abstellung der Mißwirtschaft. Als Karl I. mit bewaffnetem Gefolge 1641 ins Unterhaus eindrang, um fünf Wortführer festzunehmen, war der Auftakt zum Bürgerkrieg gegeben.

In diesem durchkreuzten sich politische und religiöse Interessen. Auf des Königs Seite standen als 'Cavaliers' die meisten Angehörigen des Adels, die im allgemeinen klerikal eingestellt waren, während das puritanische Bürgertum das Parlament unterstützte. Die breiten Volksmassen waren zum großen Teil königstreu. Nach anfänglichen Erfolgen der 'Cavaliers' siegten schließlich die 'Roundheads' unter Oliver Cromwell. Da Karl den Versuch gemacht hatte, die schottischen Presbyterianer für sich zu gewinnen, klagte ihn das englische Parlament, in dem inzwischen die Independenten vorherrschten, als Verräter, Mörder und Volksfeind an und veranlaßte seine Hinrichtung am 30. Januar 1649.

Der Sieg des 'Rumpfparlaments', in dem das Oberhaus ausgeschaltet war, führte zur Gründung des 'Commonwealth', zu dessen Anerkennung die Iren mit grausamen Mitteln und die Schotten unter größtmöglicher Achtung ihrer Eigenarten gezwungen werden mußten. Nachdem Oliver Cromwell 1653 zum 'Lord Protector' bestimmt worden war und sich des Parlaments entledigt hatte, regierte er als Monarch oder Diktator. Mit seinem Tode war 1658 dieses „puritanische Intermezzo" beendet.

Nach außen trat England im Laufe des 17. Jhs. immer mehr als führende Handels- und Kolonialmacht in Erscheinung. Zu den hervorragendsten Ereignissen in Übersee während der Regierungen Jakobs I. und Karls I. gehörten die erfolgreiche Besiedlung Virginiens, Neuenglands und der Westindischen Inseln sowie die Errichtung der ersten Handelsniederlassungen an der hindustanischen Küste. Londoner Gesellschaften finanzierten und organisierten die Auswanderungen, was die Schiffahrt anregte, neue Märkte entstehen ließ und den Wohlstand des Mutterlandes erheblich steigerte. Der erste Einsatz militärischer Machtmittel zur Förderung der imperialistischen Entwicklung von Staats wegen erfolgte 1655 auf Veranlassung Oliver Cromwells, der Jamaika den Spaniern entriß. Derartige Verfahren waren ebenso wie die langen innerstaatlichen Auseinandersetzungen bedingt durch das von den Puritanern geförderte Denken und Streben.

Beim Puritanismus handelt es sich um eine mit der humanistischen Besinnung auf das Urchristentum einsetzende Geisteshaltung, für die unter Zurückweisung alles dessen, was vom Papst herkam, die Bibel — hauptsächlich das Alte Testament — nach dem Muster Calvins zur Richtschnur selbst in den alltäglichen Dingen wurde. Mit dem Streben nach Sittenreinheit war der Anspruch auf durchgreifende Lebensreformen verbunden. Auch forderten die Puritaner strenge Scheidung zwischen staatlichen und religiösen Belangen. Und da sie die Beziehungen zu Gott als höchst persönlich ansahen, wandten sie sich selbst gegen jedes berufliche Mittlertum. Der Flügel der Independenten lehnte sogar die Laienpriester ab, weil Gott seine Gnade jedem individuell erweise, was sich an den Erfolgen offenbare.

Aus dieser Überzeugung resultierte der Unternehmergeist und das Streben nach Vergrößerung des Vermögens oder Landbesitzes, und zwar nicht nur für das Individuum, sondern auch — besonders zur Zeit Cromwells — für den Staat insgesamt, wodurch der englische Imperialismus seine religiöse Untermauerung erhielt. Im Zusammenhang mit der Hochschätzung des Geldes und des Alten Testaments erfuhren auch die Juden eine neue Wertung. Nachdem sie 1290 aus England vertrieben worden waren, durften sie seit der Gründung des ‚Commonwealth' wieder zuwandern.

Die puritanische Geisteshaltung verkörperte sich nicht bloß in verschiedenen voneinander abweichenden Verbänden oder Sekten, sondern durchzog das gesamte englische Bürgertum — selbst anglikanische Kreise — und weite Schichten des niederen Volkes. Hatte Elisabeth es noch fertiggebracht, alle zu Einfluß drängenden puritanischen Bestrebungen zurückzuhalten, so kam es im Barockzeitalter zu den oben angedeuteten leidenschaftlichen Auseinandersetzungen.

Diese zeigten sich besonders drastisch in den das Schrifttum von jetzt ab stark beeinflussenden philosophischen Systemen, die immer mehr von den Erkenntnissen des Astronomen Kopernikus berührt wurden, nach denen die Erde ihre zentrale Stellung im Universum verlieren und die denkenden Menschen ein anderes Raumgefühl und Weltbild erhalten mußten.

Francis Bacon (1561—1626) schuf durch seine Instauratio magna (1605 u. 1620) die Grundlagen für die von allen Vorurteilen freie empirische Erforschung der Natur, deren Erscheinungen er durch den Verstand auf einfache Grundgesetze zurückführen wollte, um von diesen aus Neues und Künstliches bewirken und die Welt beherrschen zu können. Religiöse Dinge schloß er aus, weil sie einer empirischen Untersuchung nicht zugänglich wären und einfach geglaubt werden müßten.

Im Gegensatz zu Bacon verwarf Lord Herbert v. Cherbury (1583—1648) alle konfessionellen Dogmen und folgerte in seinem Traktat De veritate (1624), daß allen Menschen gewisse Grundideen — wie der Glaube an Gott, eine unsterbliche Seele, Tugend und Vergeltung — als Vernunftwahrheiten göttlichen Ursprungs angeboren seien, wodurch er die Gegensätze zwischen den streitenden Religionen zu überwinden hoffte.

Thomas Hobbes (1588—1679) bewegte sich wieder in den von Bacon beschrittenen Bahnen und machte in seinen Elementa philosophiae (1642 u. 1647) den Versuch, alles erfahrbare Seiende — also auch die geistigen Tätigkeiten — auf naturgesetzlich geregelte, mechanisch bewegte, feinste Materieteilchen zurückzuführen. Der materialistische Standpunkt spricht auch aus seiner Staatslehre Leviathan (1651). Um den „Krieg aller gegen alle" zu vermeiden, schlossen sich die von Natur feindseligen Menschen freiwillig zu einem Staatskörper zusammen und wählten einen Herrscher, der aus absoluter Machtvollkommenheit den Volkswillen durchzusetzen und sogar die religiösen Dogmen zu diktieren habe.

Gegen diesen Materialismus, der die religiösen Fragen ausscheiden wollte, und gegen die mechanistische Psychologie erhoben sich heftige Einwände. An Cherbury anknüpfend, wurden erneut Versuche gemacht, durch die Lehre von den eingeborenen Ideen die Religion als verstandesmäßige Angelegenheit zu erweisen und sie mit der Philosophie zu einen, wobei die Verlegung des göttlichen Wissens in die menschliche Seele auch zu manchen mystischen Erscheinungen führte.

1. Kapitel

UNTER DEN ERSTEN STUARTS

(Ende des 16. Jhs. bis 1642)

Im ersten Barockabschnitt spiegelt das Schrifttum die politischen, religiösen und philosophischen Auseinandersetzungen nicht nur in den Themen und deren Darstellungen, sondern in Spezialarten literarischer Gattungen wider. Abgesehen von der höfischen Dramatik und Lyrik, wird das Gros der Dichtwerke immer mehr von der Unruhe der Zeit beeinflußt. Die aufmerksame Beobachtung der konfliktreichen Wirklichkeit und die genaue Analyse des Individuums führten zu Unsicherheiten und zur Erkenntnis der Nichtigkeit, woraus die Sehnsucht zum Jenseits entstand. In steigendem Maße meldeten sich Skepsis und Pessimismus in ihren mannigfachen Nuancierungen.

A. Das Drama

Davon kündet das Drama in besonderer Breite, weil es nach dem einzigartigen Aufstieg in der elisabethanischen Epoche so intensiv weitergepflegt wurde, daß es bis 1642 die umfassendste literarische Gattung blieb. Mit Ausnahme von ein paar Historien gehören die während des ersten Barockabschnitts verfaßten über 1000 Theaterstücke zu den Komödien, Tragödien und ‚Tragikomödien'. Dazu kamen noch die höfischen Dramen und Maskenspiele.

1. Die Komödien

Bei den Lustspielen verschob sich der Schwerpunkt von der romantischen Komödie zum Sittendrama mit dem Ziel, die damalige Wirklichkeit vorzuführen, wobei sich der Blick vorzugsweise auf die negativen Seiten richtete. Der Eigenart der Dichter gemäß waren die Darstellungen mehr oder weniger sachlich, meistens jedoch satirisch und oft moralisierend.

Zum Führer der neuen Komödienart und zum erfolgreichsten Konkurrenten Shakespeares entwickelte sich Ben(jamin) Jonson[1]) (1572—1637). Da seiner empirischen Psychologie gemäß die meisten Menschen daran litten,

[1]) G. B. Johnston, B. J.: Poet, N. Y. 1945; Ausg. C. H. Herford u. P. Simpson, 11 Bde., Oxf. 1925/52.

daß das Gleichgewicht ihrer Triebe gestört und durch übermäßige Entwicklung einer Neigung ein ‚humour' entstanden war, wirkten sie schrullig oder töricht. Jonsons letzte Absicht war jedoch, beim Publikum durch die Unterstreichung der weitverbreiteten Narrheiten das Verlangen nach Ausgeglichenheit zu wecken. Außerdem sollten die hauptsächlich von Sidney (vgl. S. 39 f.) aufgestellten klassizistischen Regeln endlich beachtet werden, was einen „Bühnenstreit" (1599—1600) auslöste.

In Every Man in his Humour (1598) fügte der Dichter aus alltäglichen Bürgern und Ereignissen mehrere Teilhandlungen wirkungsvoll zusammen. Die Schrullen und Torheiten wurden jedoch durch die Satire so stark unterstrichen, daß die Handlung nebensächlich erscheint. Das gleiche gilt von dem schon als ‚comical satire' bezeichneten Every Man out of his Humour (1599), und in Cynthias Revells[2]) (1600) wird sie dadurch, daß noch moralisierende Ermahnungen gegen die Untugenden der Höflinge und Allegorie hinzutreten, geradezu erdrückt. Dagegen bedeuten seine folgenden Lustspiele wegen der geschickten Handlungen kleine Meisterwerke. Volpone or The Foxe (1606), der reiche und geizige Venezianer, der sich sterbend stellt und Corvino, Corbaccio und Voltore in dem Glauben läßt, jeweils die einzigen Erben zu sein, muß erfahren, wie jeder von ihnen aus Geldgier bereit ist, Ehre, Kinder und Frau zu opfern. In Epicœne or The Silent Woman (1609) soll ein lärmscheuer, wunderlicher Junggeselle zum natürlichen Leben bekehrt werden, nachdem er auf einen als angeblich schweigsame Braut verkleideten jungen Mann hereingefallen ist. Mit The Alchemist (1610) wollte Jonson den Alchemistenschwindel bekämpfen und die Dirnen, Betrüger, Heuchler und Gecken des damaligen Londons anprangern. Bartholomew Fayre (1614) gibt ein Sittenbild von der Londoner Messe und greift — wie auch das vorangehende Stück — die kunstfeindlichen Puritaner als heuchlerische Asketen an. Immer weniger Zustimmung fanden die dann folgenden Komödien: The Divel is an Asse (1616), die Geschichte

---

[2]) E. Talbert in PhQ 22 (1943), 193 ff.; A. Gilbert in PhQ 22 (1943), 211 ff.

vom betrogenen Teufel, The Staple of Newes (1625), eine Satire auf den beginnenden Journalismus, The Newe Inne (1629) und schließlich The Magnetick Lady: Or Humours Reconcil'd (1631).

Jonson hat auf fast alle zeitgenössischen Komödiendichter anregend gewirkt. Der Homerübersetzer[3]) George Chapman[4]) (c. 1559—1634) fühlte sich besonders von den klassizistischen Bestrebungen und von der satirischen Seite angesprochen, außerdem lag ihm das Intrigenspiel. The Gentleman Usher (ca. 1602) richtete sich gegen Haushofmeister, Al Fooles (c. 1604) gegen den geizigen Bauern und Monsieur d'Olive (1605) gegen den eitlen Franzosen. In seinem besten Stück, Eastward Hoe[5]) (1605), an dem Jonson mitarbeitete, trat bei der Charaktergegenüberstellung der zwei verschiedenartigen Lehrlinge und der beiden Töchter des biederen Goldschmieds und seiner höher hinausstrebenden Frau an die Stelle der Satire eine kleinbürgerliche Moralisierung.

Das Kleinbürgerliche ist auch für Thomas Dekker[6]) (c. 1572—1632) charakteristisch. Sein volkstümlichstes Lustspiel war The Shomakers Holiday (1599) wegen der Lebendigkeit des heiteren und klugen Schuhmachers und wegen der leicht romantischen Handlung, die einen jungen Edelmann und ein schönes Bürgermädchen zusammenführt. West-Ward Hoe (c. 1604) und North-Ward Hoe (1605) zeigen liebeslüsterne Bürgerfrauen auf ihren Abenteuern, und The Roaring Girle (1610) verschönt eine stadtbekannte Persönlichkeit in sehr lustiger Weise. Auch in diesen Stücken fehlt es ebensowenig an romantischen Elementen wie in seiner zweiteiligen größten Komödie The Honest Whore (1604 u. 1608), in der die Bekehrung einer Kurtisane durch den in ihren Diensten stehenden Vater dargestellt wird.

Erziehen und bessern wollte auch Thomas Heywood[7]) (c. 1574—1641), der mit dem gleichaltrigen Dekker eine

---

[3]) H. Fay in RESt 4 (1953), 13 ff.

[4]) J. Jacquot, George Chapman, Paris 1951; C. Sisson in MLR 46 (1951), 185 ff.

[5]) P. Simpson in PMLA 59 (1944), 715 ff.

[6]) S. A. Tannenbaum, A Concise Bibl. of Th. D., Suppl. N.Y. 1946; Ausg. F. Bowers, Cbr. 1953/55.

[7]) F. S. Boas, Thomas Heywood, Ldn. 1950; P. Ure in ESts 32 (1951), 200 ff.

Brücke zwischen Marlowe und Jonson zu schlagen versuchte. Er war so rührig, daß er sich an 220 Stücken aller dramatischen Gattungen betätigte. Zu den wertvollsten gehören die Lustspiele, von denen wohl The Foure Prentises of London (1594), das halb eine Satire auf das Rittertum darstellt und halb in die bürgerliche Empfindungswelt hineingehört, das beste ist. The Wise-Woman of Hogsdon (c. 1604) mit der Schilderung der Unbeständigkeit junger Londoner Männer steht am Ende der langen Reihe.

Der sehr populäre Thomas Middleton[8]) (c. 1570—1627) entwickelte sich unter Jonsons Einfluß zu einem ganz furcht- und gefühllosen Beobachter Londons, das ihm voller Laster schien und deren Träger er mit scharfer Satire zeichnete, ohne sie zu be- oder verurteilen. Zu seinen erfolgreichsten Komödien gehört A Trick to Catch the Old-one (c. 1605), in der ein reicher geiziger Onkel von einem leichtfertigen Neffen und dessen angeblich reicher Freundin, die er später seinem ebenfalls geizigen Schwiegervater aufschwätzt, überlistet wird, Geld herauszugeben. Your five Gallants (1607) bringt wieder einmal Gauner und Dirnen auf die Bühne, The Famelie of Love (1607) will den Puritanern unsittliche Ausschweifungen nachsagen, und in A Chast Mayd in Cheape-side (1611/13) scheint die ganze Welt aus Gemeinheit zu bestehen.

Weniger einseitig zeigten sich John Fletcher (1579 bis 1625) und Francis Beaumont[9]) (c. 1584—1616), die in enger Zusammenarbeit mehr als 50 Theaterstücke in ausgeprägt barockem Stil[10]) verfaßten. Ihre Lustspiele, die die Satire auf gewisse Höflingstypen ausdehnten, sind im allgemeinen sehr geschickt in den Handlungsverwicklungen. Die von ‚Don Quichote' angeregte Komödie The Knight of the Burning Pestle (c. 1608) macht durch den als romantischen Ritter herumziehenden Lehrling, der in der Alltagswelt nur seine Phantasiegestalten sieht, das

[8]) S. A. Tannenbaum, A Concise Bibl. of Th. M., N. Y. 1940; B. Johannson, Religion and Superstition in the Plays of Ben Jonson and Th. M., Upsala 1950.

[9]) S. A. Tannenbaum, A Concise Bibl. of B. and F., Suppl. N. Y. 1946.

[10]) M. Mincoff in ‚Annuaire de l'Université de Sofia' 43 (1947).

Londoner Kleinbürgertum lächerlich. In Monsieur Thomas (c. 1611) bildete sich die Figur des zynischen und angeberischen Kavaliers heraus, die dann in Wit Without Money (1614) in den Vordergrund trat. The Scornful Ladie (1613) zieht das Interesse von einigen gut gezeichneten ‚humours' immer mehr auf das Liebesleben höherer Kreise, das in anderen Lustspielen vielfältig abgewandelt wird. Aus ihrer Menge heben sich noch heraus: The Coxcombe (c. 1610) mit der Erprobung der Keuschheit einer Frau, The Captain (1612) mit der Dirnenwelt und The Nice Valour (c. 1615) mit dem Ehrgefühl als herrschendem Motiv.

Nach Beaumonts Tode verfaßte Fletcher allein einige Komödien, wie z. B. The Wild-Goose Chase (1621), in der Oriana ihren Geliebten, einen italienhörigen Engländer, nur durch den Trick gewinnt, daß sie sich als Ausländerin ausgibt. Meistens arbeitete er jedoch mit anderen Dramatikern zusammen.

Unter ihnen war Philip Massinger (1583—1640) der bedeutendste. Aus dieser Zusammenarbeit entstanden z. B. The Little French Lawyer (1619/20) mit dem gern duellierenden Winkeladvokaten, The Beggars Bush (1622) mit der Räuberromantik und The Elder Brother (c. 1623) mit dem zum Helden werdenden Stubengelehrten. Nach Fletchers Tode begann Massinger, der sich immer mehr zum Pessimisten entwickelte, die Bühne zu beherrschen. Dabei gestaltete er sie allmählich zu einer Plattform, von der aus zu den brennenden politischen und religiösen Fragen Stellung genommen werden konnte. So geschah es auch in seinen beiden besten Sittenkomödien, die vorbildlich aufgebaut sind, gut gezeichnete Charaktere aufweisen und schlagfertige Dialoge enthalten. A New Way to Pay Old Debts (1626) verfeinerte Middletons ‚Trick, den Alten zu fangen' (vgl. S. 73) und zeichnete eindrucksvoll einen Erpresser und dessen Machenschaften mit seinem Neffen. Ebenso lebendig waren die Figuren des wohlhabenden Sir John Frugal, seiner verhätschelten Frau und seiner beiden störrischen Töchter in The City Madam (1632).

Zu den letzten von Jonson und Middleton beeinflußten Dramatikern dieses Zeitabschnitts gehört der in engem

Kontakt zum Hofe Karls I. stehende James Shirley[11]) (1596—1666) mit 31 noch erhaltenen Stücken, von denen ihm die Sittenkomödien mit den rasch hin- und herspringenden witzigen Dialogen am besten gelangen. Durch die im Grunde gleichen Themen — Kavaliere versuchen die Damen zu verführen, und diese bemühen sich durch ihren Witz, Ehen zustande zu bringen — schlug Shirley eine Brücke zum Restaurationsdrama, wie z. B. durch The Wittie Faire One (1628), Changes (1632), Hide Park (1632), The Gamester (1633) und The Lady of Pleasure (1635).

2. Die Tragödien

Während beim Lustspiel der Wandel zum Barock dadurch augenfällig wird, daß sich der von Skepsis und Pessimismus geleitete Blick auf die Mißstände der Wirklichkeit richtete, rückte in den Mittelpunkt der Tragödie eine Hauptfigur, die immer weniger einen harmonischen Mikrokosmos abgab und im Kampf mit der Umwelt zugrunde ging. Diesen Umbruch verdeutlicht seit der Jahrhundertwende bereits Shakespeare an seinen Helden[12]).

Im Gegensatz zu ihm zeigte sich aber bei seinen zeitgenössischen und bei den ihm folgenden Dramatikern die Tendenz, die äußeren Umstände so breit darzustellen, daß sie als die Hauptsache anmuten und für das tragische Ende der Charaktere verantwortlich scheinen. Hinzu trat ein stärker werdendes Bedürfnis zum Moralisieren.

Die Reihe der wichtigsten Tragödienautoren ähnelt stark der der Lustspielverfasser. Jonson (vgl. S. 70 f.) wollte zwar mit Sejanus his Fall (1603) und Catiline his Conspiracy (1611) sogar Shakespeare übertreffen. Doch ließ er die Charakterzeichnung hinter den mit großer Gelehrsamkeit durchgeführten Sittenbildern Roms zurücktreten. Chapman (vgl. S. 72) entnahm die Themen zu fünf seiner Tragödien der neuesten französischen Geschiche. In Bussy D'Ambois[13]) (1600) muß der Titelheld als Nebenbuhler des Thronfolgers Heinrichs III. von Frankreich zugrunde gehen. In The Revenge of

---

11) R. Gerber, James Shirley, Bern 1952; G. Scherer, J. Sh.s Nachruhm, Diss. Zürich 1951.

12) B. von Lindheim in ‚Shakespeare-Jahrb.' 90 (1954), 229 ff.

13) R. Howard in NQ 177 (1939), 25.

Bussy D'Ambois (1604) zerbricht Bussys Bruder an der rauhen Tatsachenwelt. Auch in dem Doppelstück The Conspiracie, And Tragedie of Charles Duke of Byron (1608) vollzieht sich die Katastrophe an dem 1602 hingerichteten Herzog v. Viron mit schicksalhafter Notwendigkeit. The Tragedie of Caesar and Pompey (1608) stellte sogar den Stoiker Cato in den Mittelpunkt, und seiner Lebensphilosophie schloß sich auch noch spät die Titelfigur in The Tragedie of Chabot (c. 1623) an, wodurch die Charakterentwicklung und die dramatische Bewegung gehemmt wurden.

Aus der Fülle der von Heywood (vgl. S. 72 f.) verfaßten oder bearbeiteten Trauerspiele verdient A Woman Kilde with Kindnesse (1603) Beachtung, weil es schon so früh in puritanischer Art die eheliche Treue sowie das gute Zusammenleben von Geschwistern, Freunden und Angestellten verherrlicht und einen sittlichen Fehltritt durch bittere Reue und zum Tod führendes Siechtum sühnen läßt. Doch war Heywoods Werk eine Ausnahme.

Der Hauptstrom bewegte sich in Richtung der Rache- und Schauertragödien. Zu diesen trug John Marston[14]) (1576—1634) durch ein halbes Dutzend Stücke bei, von denen das Doppeldrama Antonio and Mellida (1599) und Antonios Revenge (1602), in dem sich Antonio zum blutrünstigen Menschenverächter und -vertilger entwickelt, als Musterbeispiel gelten kann. Die zwei von Cyril Tourneur[15]) (c. 1575—1626) erhaltenen Schreckensstücke The Revengers Tragaedie (1606) und The Atheist's Tragedie (1608) symbolisieren eine von Verbrechen und Leidenschaften beherrschte chaotische und grausame Welt, die in John Websters[16]) (c. 1580—1625) beiden Tragödien mit Themen aus der nahen Vergangenheit Italiens — The White Divel[17]) (c. 1612) und The Dutchesse of Malfy (c. 1613) — melancholisch stimmen muß, weil schließlich

---

[14]) P. Zall in JELH 20 (1953) 186 ff.

[15]) S. A. Tannenbaum, A Concise Bibl. of C. T., N. Y. 1946.

[16]) C. Leech, John Webster, Ldn. 1951.

[17]) J. Brown in PhQ 31 (1952), 353 ff.

alles Irdische — ob es sich um die grausamsten Schurkereien und seelischen Folter oder um Glanzvolles und Schönes handelt — nichtig ist.

Auch Middleton (vgl. S. 73) gibt in zwei Tragödien, die durch ihre sachliche Darstellung besonders packend wirken, ein düsteres Zeitbild menschlicher Verderbtheit. In Women beware of Women (c. 1612) betrügt und vergiftet einer den anderen. In The Changeling (1621) läßt Beatrice den ihr aufgezwungenen Bräutigam durch den Liebhaber De Flores ermorden, um für ihren Geliebten Alsemero frei zu werden. Das Schicksal vernichtet alle Hauptfiguren.

Eine Verfeinerung bedeutete The Maides Tragedy (1610), das erfolgreichste Werk Fletchers und Beaumonts (vgl. S. 73 f.). Hier kam es den Verfassern mehr auf die Analyse und Begründung der Situationen als auf das Thema an: Der König verheiratet seine Geliebte Evadne an den Ritter Amintor, dem sie ihr Verhältnis gesteht. Ihr Bruder schwört Rache und zwingt Evadne, den König zu ermorden. Als sie erkennt, daß sie dadurch bei Amintor Entsetzen ausgelöst hat statt seine Liebe zu gewinnen, tötet sie sich vor seinen Augen.

Nach Baumonts Tode brachte Fletcher mit Massinger (vgl. S. 74) zusammen ein paar Schauertragödien heraus, die außer Thierry and Theodoret (1617) — mit der Gegenüberstellung einer engelhaften und einer grausamen Frau — wenig wirkungsvoll waren. Anders stand es dagegen mit den Stücken, durch die Massinger — meistens in Zusammenarbeit mit anderen — in den 20er Jahren die Bühne zu beherrschen begann. Zwar fehlte es ihm an lebendiger Charakterdarstellung, doch war er im dramatischen Aufbau geschickt wie wenige Zeitgenossen. In The Virgin Martir (1620) und in The Duke of Millaine (c. 1621) stehen wieder Frauen im Mittelpunkt, und die Hauptthemen sind Opferbereitschaft und Bewährung. The Roman Actor (1626) — vom Dichter selbst als „vollkommenstes" Stück gewertet — fordert zur Standhaftigkeit und zur Bekämpfung der sündigen Leidenschaften auf.

In den Bahnen Middletons und Fletchers folgte als größter Tragiker unter Karl I. John Ford[18]) (1586 bis c. 1656), dessen Stärke in der Analyse psychopathischer Fälle lag, wobei der Dichter so verfuhr, daß zwar Grauen und Schwermut zurückblieben, aber kaum ein „Schuldig" gesprochen werden konnte. Sein erstes Trauerspiel T i s P i t t y S h e e s a W h o r e (1627) stellt die mit dem Tode besiegelte leidenschaftliche Liebe eines Geschwisterpaars dar. In L o v e s S a c r i f i c e (1628) fordert ein vermeintlicher Ehebruch drei Tote. T h e B r o k e n H e a r t (1629) handelt von Liebenden, deren ersehntes Glück wegen konventionell erzwungener Tugendhaftigkeit ausbleibt.

Auch der letzte namhafte Autor von Tragödien dieser Ära, Shirley (vgl. S. 75), führte die auf der Bühne zur Tradition gewordene Welt der Missetaten, Verirrungen und Verbrechen weiter vor. In T h e M a i d e s R e v e n g e (1626) endet die Eifersucht zweier Schwestern um einen Mann mit Mord und Selbstmord; in L o v e s C r u e l t i e (1631) stürzt Clarianas zügellose Sinnlichkeit Verführer und Gatten mit ins Verderben; T h e T r a y t o r (1631) und T h e P o l i t i t i a n (c. 1639) zeigen den zum Untergang führenden Ehrgeiz, und der Titelheld von T h e C a r d i n a l l (1641) will seine Geliebte vergiften, weil sie sich nicht an seinen Neffen verheiraten läßt, geht aber selbst zugrunde.

3. Die Tragikomödien

Je mehr der Mensch in seiner Zwiespältigkeit gesehen wurde, um so weniger konnten die um höchste Ideale ringenden und untergehenden Persönlichkeiten zur Darstellung reizen. Thema mußte vielmehr der kämpfende Durchschnittsmensch werden. Dadurch, daß die Dichter neben den ernsten Seiten des Lebens die komischen einbezogen, entwickelten sie die umfangreiche Gattung der ‚Tragikomödie', an der sich die meisten Dramatiker während der ersten Stuarts beteiligten, einige sogar vorwiegend.

Das gilt vor allem von Beaumont und Fletcher (vgl. S. 77). Mit Vorliebe zeichneten sie die Konflikte zwi-

[18]) G. F. Sensabaugh, T h e T r a g i c M u s e o f J. F., Stanford/Cal. 1945; ders. in PhQ 20 (1941), 442 ff.; R. Davril, L e d r a m e d e J. F., Paris 1954.

schen den privaten Leidenschaften der Menschen und den sie umgebenden politischen Notwendigkeiten[19]). Hauptsächlich geschult an Shakespeare, Jonson und Seneca[20]), erweisen sie sich gerade in ihren Tragikomödien als Meister der Dramatik[21]). Philaster (c. 1609) erlöst den sizilianischen Königssohn und die Tochter des Usurpators durch seinen Tod von aller Liebestragik. In dem beispielhaften Stück A King and no King[22]) (1611) werden alle tragischen Verwicklungen dadurch beseitigt, daß sich die Liebenden nicht — wie vermutet — als Geschwister erweisen. The Honest Mans Fortune (1613) macht alles, was das Schicksal einem edlen Manne Übles angetan hat, durch die Heirat mit einer reichen Herrin, in deren Dienste er unerkannt eingetreten war, wieder gut.

Nach Beaumonts Tode setzte Fletcher diese Art — meistens wieder mit Unterstützung anderer Dramatiker — fort, wobei unwahrscheinliche Verwicklungen immer reizvoller schienen. In The Loyal Subject (1618) übersteht ein russischer General alle demütigenden Kränkungen seines Landesherrn, The Mad Lover (1618) — ein mazedonischer Heerführer — will sich als Liebesbeweis sein Herz herausschneiden lassen, in Women pleas'd (1620) gefährdet der wegen eines Stelldicheins Verbannte sein Leben durch ein Sphinxrätsel, und in The Sea Voyage (1622) wird ein Schiffbrüchiger durch Amazonen gerettet.

Von Middleton (vgl. S. 77) stammt als einziges beachtenswertes Stück dieser Gattung The Spanish Gipsie (1623), wo glaubhaft gemacht wird, wie der Sohn des Gouverneurs von Madrid ein edles Mädchen vergewaltigt und später, ohne es wiederzuerkennen, heiratet.

Fletchers Mitarbeiter Massinger (vgl. S. 77) behandelte außergewöhnliche Themen und wollte durch sie wiederum belehren. The Maid of Honour (1622), Camiola, entsagt der Welt und geht ins Kloster. In The Bond

---

19) E. M. Waith, The Pattern of Tragicomedy in B. & F., New Haven 1952.

20) E. Waith in PMLA 66 (1951), 226 ff.

21) E. Waith in RESt 19 (1943), 141 ff.

22) A. Mizener in MPh 38 (1940/41), 133 ff.

Man (1623) gibt Marcello aus Liebe zu einem Mädchen aus Syrakus seine ursprünglichen Rachepläne gegen ihr Volk auf; The Renegado (1624) zeigt ausnahmsweise sympathische Jesuiten; The Picture (1629) verherrlicht die eheliche Treue; The Bashful Lover (1635) stellt neben der schüchternen Liebe Honrios zur Prinzessin Mathilda die Bekehrung eines Verführers durch die Standhaftigkeit der Geliebten dar.

Unter Fords (vgl. S. 78) acht überlieferten Werken befinden sich die beiden Tragikomödien The Lovers Melancholy (1629) mit dem Prinzen Palador von Cypern als melancholischem Liebhaber und dem Fürsten Meleander als Urheber der Tragik, sowie The Ladies Triall (1638), ein weiterer zum günstigen Ende führender pathologischer Liebesfall.

Schließlich ist noch Shirley (vgl. S. 78) mit einer langen Reihe von tragikomischen Dramen zu nennen, für die — wie bei seinen Lust- und Trauerspielen — die Verwicklungen und Unwahrscheinlichkeiten der Handlungen typisch sind. Das Muster dafür bildete The Wedding (c. 1626), wo eine Heirat wegen ausgeklügelter tragischer Zwischenfälle mehrmals aufgeschoben werden muß. Zu Shirleys besten Stücken gehören The Young Admirall (1633), The Royall Master (c. 1638), The Gentleman of Venice (1639) und The Court Secret (1642).

Für die Aufführungen der kaum übersehbaren und nur z. T. gedruckten Dramen dienten den Schauspielern[23]) und den für das satirische Spiel besonders begabten Knabentruppen (vgl. S. 63) die unter den Stuarts immer zahlreicher und komfortabler werdenden öffentlichen Theater (vgl. S. 62). Das bis 1605 nördlich der Themse fertiggestellte ‚Red Bull'-Haus war der letzte offene Bau. Von den seitdem hauptsächlich zwischen der City und der Gegend des Hofes entstandenen Saaltheatern sind ‚Whitefriars', ‚Phoenix' oder ‚Cockpit' und ‚Salisbury Court' die bedeutendsten. Durch die Notwendigkeit, mit

[23]) Das ausnahmsweise öffentliche Auftreten französischer Schauspielerinnen in ‚Blackfriars' 1629 rief Empörung bei den Puritanern hervor.

künstlichem Licht zu arbeiten, ergaben sich neue Bühneneffekte, die noch viel stärker durch die ‚Hallenbühnen' — dem Schauplatz der Hofdramen und Maskenspiele — belebt wurden.

4. Die Hofdramen und Maskenspiele

Um dem höfischen Geschmack, der hauptsächlich wohl nach Karls I. französischer Gemahlin ausgerichtet war, zu dienen, verfaßten Höflinge Dramen, deren Motive meistens den Romanen der Spätantike entstammten. Tugendhafte Frauen und großmütige Männer führten lange, spitzfindige Reden über Ehre und Liebe und gelangten nach Beseitigung aller Hindernisse zum Glück. Der Rahmen dieser Amateuraufführungen, in denen Verwandte und Freunde der Zuschauer — gelegentlich sogar das Königspaar — auftraten, war ebenso prunkvoll wie die ‚Hallenbühne' und die Kostümierung.

Zu den angesehensten Hofdramatikern entwickelten sich Sir William Davenant (1606—68) durch Love and Honour (1634) und The Platonick Lovers (1635), Thomas Killigrew (1612—83) durch The Prisoners (1635), Claricilla (c. 1635) und The Princess (1636) sowie Lodowick Cardell (1602—75) durch The Deserving Favourite (1629), Arvigarus and Philicia (1636) und The Passionate Lovers (1638).

Für den Hof und für die Entwicklung des englischen Theaters wichtiger waren die Maskenspiele. Nachdem sie sich unter Elisabeth zu begehrten Festvorführungen entwickelt hatten (vgl. S. 56), entfalteten sie sich unter den ersten Stuartkönigen zur vollen Blüte. Daniels (vgl. S. 40) The Vision of the Twelve Goddesses (1604) zeigte mit den allegorischen Huldigungen der vom Monarchen ausgehenden Segnungen den Weg, auf dem Jonson (vgl. S. 70 f.) weiterschritt. Dieser belesene Dichter verstand es, mythologische und folkloristische Handlungen, lyrische Einlagen und Tänze zu einer literarischen Gattung zusammenzustellen, die zwischen dem eigentlichen Drama und dem musikalischen Tanzspiel lag[24]. Nach seinem ersten Stück dieser Art, The Masque

[24]) G. Reynolds in PhQ 22 (1943), 23 ff.

of Blacknesse (1605), traten in Hymenaei (1606) moralisierende Tendenzen hinzu, die sich von The Masque of Queenes[25]) (1609) ab zum grotesken Gegenspiel — der ‚Antimaske' — verkörperten. So begann diese für die Huldigung der Königin Anna beabsichtigte Vorführung damit, daß zwölf Hexen (= Laster) ihr Unwesen trieben, bis elf berühmte historische Königinnen und ‚Belanna' erschienen, die in der nächsten Szene von ‚Fama bona' zum Triumphzug aufgefordert wurden. Kunstvolle Tänze und Gesänge beendeten das Spiel, das den wahren, durch Tugend gewonnenen Ruhm verherrlichen wollte. In Pleasure reconciled to Virtue (1618) hob Jonson die Gegensätze zwischen Maske und Antimaske dadurch auf, daß er das Vergnügen als Dienerin der Tugend interpretierte. In dieser ausgleichenden Art verfaßten hauptsächlich noch Chapman, Beaumont und Fletcher zahlreiche Maskenspiele, mit deren bühnentechnischer Ausgestaltung Inigo Jones betraut worden war. Je stärker sich dieser Architekt jedoch bemühte, äußeres Gepränge und szenische Effekte in den Vordergrund zu drängen — was 1631 zur offenen Feindschaft zwischen ihm und Jonson führte —, um so mehr wurden die Maskenspiele zu pantomimischen Schaustücken abgewertet, wofür etwa Shirleys (vgl. S. 80) Triumph of Peace (1634) und Davenants Salmacida Spolia (1640) beispielhaft sind. Andererseits erlosch der ursprüngliche Typus der Masken dadurch, daß die Haupthandlung zum Drama verselbständigt wurde, wie es auch der größte Dichter des 17. Jhs., Milton (vgl. S. 112 ff.), im Comus (1634) tat, wo die Keuschheit in ernstem Ringen gegen die Versuchung siegt.

Bis 1619 fanden die Aufführungen meistens in Elisabeths ‚Banqueting House' statt, danach in einem von Inigo Jones entworfenen und mit Deckengemälden von Rubens geschmückten Bau und von 1637 ab im ‚Great New Masking Room'. Die auf der einen Seite der Säle gezimmerten und durch einen Vorhang abschließbaren Bühnen wurden laufend mit den neuesten technischen Mitteln ausgestattet, so daß sich die moderne Kulissenbühne entwickelte, von der aus Anregungen auf die Hallenbühnen der Kavalierdramatiker und selbst auf die Volkstheater übergingen.

[25]) W. Furniss in RESt 5 (1954), 344 ff.

Das in der Hochrenaissance so schnell zu Höhepunkten führende und danach zunächst so vielseitig gerichtete dramatische Gestalten hatte ein jähes Ende. Standen schon von Anfang an die höfischen Aufführungen im Gegensatz zum Volk, so wurde die Entfremdung zwischen seinen puritanischen Teilen und den öffentlichen Theatern immer größer, je mehr seit den 20er Jahren bei den Stücken die Darstellung der Mißstände und Unsitten, pikante Geschehnisse, zweideutige Reden oder auch allzu scharfe Satire und Moralpredigten in den Vordergrund traten. Die drastische Bestrafung des Juristen Prynne, der sich in seiner Schrift Histriomastix (1633) gegen die Auswüchse der Bühnen wandte und dabei auch auf die Königin anspielte, steigerte nur die Verärgerung der Puritaner, unter deren Einfluß das Parlament am 2. September 1642 die Schließung aller Theater verfügte.

B. Die Prosa

1. Die religiöse Prosa

Es mag symbolhaft erscheinen, daß am Beginn der leidenschaftlichen religiösen Auseinandersetzungen die offiziellen Bemühungen um eine allgemein anerkannte englische Bibel standen. Nachdem die Bishops' Bible (vgl. S. 36) die nach Douay und Reims emigrierten Katholiken veranlaßte, eine stark von ihr abweichende Übersetzung anzufertigen und das Neue Testament 1582 herauszubringen — die gesamte Douay Bible erschien 1609/10 —, bestimmte eine von Jakob I. einberufene und 1604 im ‚Hampton Court' stattfindende Konferenz 54 Gelehrte, die bis 1611 die seitdem für England maßgebliche Authorized Version[1]) zustande brachten. Ihr von Tyndale (vgl. S. 19) geschaffener und von seinen Nachfolgern bis ins 17. Jh. ausgestalteter Stil (vgl. S. 36) hat nicht nur während des Barockzeitalters, sondern bis zur Gegenwart einen unübersehbaren Einfluß auf das Schrifttum und das tägliche Leben ausgeübt.

Charakteristisch für die Prosaliteratur dieses ersten Abschnitts der Barockperiode sind die vielen an alle Menschen gerichteten Predigten, die z. T. auch gedruckt kur-

[1]) Ch. C. Butterworth, a. a. O., chapt. X—XII.

sierten und den Prosastil[2]) gestalten halfen. Den Auseinandersetzungen der Zeit entsprechend, bildeten sich hauptsächlich gegensätzliche Formen durch die Katholiken und durch die Puritaner heraus[3]).

Für die erste Gruppe wurde Lancelot Andrewes (1555 bis 1626) richtunggebend. Auf dem für ihn festen Boden der Kirchenväter stellte er die christliche Lehre unter Zuhilfenahme von scholastischen Anspielungen, ungewöhnlichen Bildern und Wendungen meistens in aufeinanderfolgenden Antithesen dar, die gekünstelt wirken und zu dem ‚metaphysischen' Stil, dem Kennzeichen einer Gruppe von Lyrikern (vgl. S. 87 f.) führten, zu denen als bedeutendster Vertreter John Donne[4]) (1572—1631) gehörte. Auch er holte in seinen religiösen Schriften und mehr als 160 erhaltenen Predigten[5]) die Bilder und Vergleiche weither. Doch arbeitete er nicht mit logisch aufgebauten Antithesen, sondern es drängten sich bei ihm als Dichter und Mystiker die Sätze so, daß häufig Unklarheiten entstehen mußten, zumal wenn es um die Ausmalung der tiefsten menschlichen Anliegen ging.

Im Gegensatz zu diesen durch mancherlei Stilmittel überladenen Predigten wirken die der Puritaner klar und schmucklos[6]). Schon zur Zeit Elisabeths hatte Henry Smith (c. 1550—91) Einfachheit gefordert, wobei die Bibel als Vorbild galt. Das bedeutete die Ausrichtung auf den einfachen Hörer und sein Alltagsleben, das immer wieder zur Veranschaulichung des Gerechten, des Sünders oder anderer Charaktere einbezogen wurde. Aus der großen Menge der Predigten, die sich für den zur starken politischen Partei gewordenen Puritanismus einsetzten, heben sich die von William Perkins (1538—1602) wegen der betonten Zergliederung und die von Thomas Adams (c. 1580 bis c. 1655) wegen der starken Einflechtung klassischer Zitate heraus.

---

[2]) G. Williamson, The Senecan Amble, Chicago 1951.

[3]) H. Macdonald in RESt 19 (1943), 33 ff.

[4]) J. B. Leishman, The Monarch of Wit, Ldn. 1951; L. Shapiro in NQ 197 (1952), 310 ff.; K. W. Gransden, John Donne, Ldn. 1954.

[5]) E. M. Simpson, A Study of the Prose Works of J. D., Oxf. [2]1948; Ausg. G. R. Potter u. E. M. Simpson, Univ. Cal. Press 1953; H. Umbach in JELH 12 (1945), 108 ff.

[6]) H. Fisch in JELH 19 (1952), 229 ff.

2. Die weltliche Prosa

Das wenige, was im ersten Barockabschnitt an weltlicher Prosa geschrieben wurde, war ernst — wie die religiöse — und auf nützliche Unterweisung eingestellt. Beachtenswert ist ferner, daß sie in Bezirke eindrang, in denen während der Renaissance Verse verwendet wurden. Die poetischen Satiren und Epigramme fanden ihre Fortsetzung in den ‚Characters', und die Eklogen in den ‚Essays'.

An die realistischen Romane der 90er Jahre (vgl. S. 46 f.) knüpften kleine Prosawerke an, die — wie die Sittenkomödien — die Wirklichkeit darstellen wollten. Das geschah z. B. in den Gelegenheitsschriften des Dramatikers Dekker (vgl. S. 72) noch mit Humor. In seinen Schilderungen der Lebensgewohnheiten eines Gecken — The Guls Horne-booke (1609) — deutete er die Gattung der ‚Charakter'-Bücher an, die ein Jahr zuvor mit den Characters of Virtues and Vices[7]) (1608) des Bischofs Joseph Hall[8]) (1574—1656) begründet worden war und sich in den folgenden Jahrzehnten wegen des Interesses an der Seelenanalyse großer Beliebtheit erfreute, wie die innerhalb von drei Monaten begehrten vier Auflagen der Characters (1614) von Sir Thomas Overbury (1581—1613), deren stetige Erweiterungen durch Donne, Dekker, Webster u. a. sowie die schnelle Folge von Nachahmungen durch Nicholas Breton[9]) (c. 1551 bis 1623), Richard Brathwait (c. 1588—1673), Geoffrey Minshull (c. 1594—1668), John Earle (c. 1600—65) u. a. beweisen. Letzterer galt mit seiner Micro-cosmographie (1628), in der er 78 ‚Charaktere' nach ehemaligen Bekannten mit scharfem Witz epigrammatisch porträtierte, als der volkstümlichste. Eine Weiterentwicklung erfolgte durch die Nachbildungen historischer Persönlichkeiten, wie es Sir Robert Naunton (1563—1635) in den Observations on the late Q. Elizabeth (1641) tat.

Ein ähnliches Interesse an Charakterstudien offenbarten auch die historischen Werke. Fulke Greville, Lord Brooke (1554—1628), versuchte in A Dedication (c. 1610)

---

7) Ausg. R. Kirk, New Jersey 1949.
8) T. F. Kinloch, The Life and Works of J. H., Ldn. 1951.
9) S. A. Tannenbaum, A Concise Bibl. of N. B., N. Y. 1947.

gleichzeitig ein Bild Sidneys und Elisabeths sowie eine Autobiographie des Verfassers zu geben. Bacons (vgl. S. 69) Historie of the Raigne of King Henry the Seventh (1622) stellt eine bis dahin unbekannte Art philosophischer Geschichtsschreibung dar[10]), wie sie bereits in seiner Rechtfertigung der Wissenschaften The Advancement of Learning (1605) gefordert worden war.

Die Stellung des Menschen zum Leben und zur Mitwelt ist auch das Thema von Bacons drei jeweils vermehrten Ausgaben der nach Montaignes Werk von 1580 benannten Essayes[11]) (1597, 1612, 1625), d. h. ‚Versuchen' zu Einzelfragen des menschlichen Charakters — wie z. B. zur Wahrheit, Rache, Not, Heuchelei, Liebe, Schlauheit — subjektiv wie die Lyriker in Gedichten die Meinung zu äußern. Mit diesen improvisierten knappen und einseitigen Stücken einer Lebensphilosophie begründete der Autor eine literarische Gattung, die in ihrem gedrängten und andeutenden Tagebuchstil für das Barock und auch für die folgende englische Geistesgeschichte kennzeichnend wurde.

Als eine Sammlung von Essays kann auch das Werk des anglikanischen Geistlichen Robert Burton[12]) (1576 bis 1640) The Anatomy of Melancholy (1621) angesehen werden, das sich wegen seiner skeptischen Einstellung zum Menschen als besonders zeitgerecht erwies. In Dutzenden von seltsamen Geschichten werden Persönlichkeiten von der Antike bis zu Shakespeare und Jonson als Opfer von Krankheiten, besonders der Melancholie, geschildert, was zum Pessimismus führen mußte, dem allerdings die Hoffnung auf Gottes Gnade begegnen konnte.

Als nicht zu unterschätzender Faktor für die Entwicklung der Prosastile trat neben die beschreibend oder analytisch, individuell oder typenhaft, satirisch oder sachlich gehaltenen ‚Charakter'-Bücher die Kunst des Briefschreibens, wie sie z. B. von John Chamberlain (1554 bis 1628) und John Hoskyns (1566—1638) gepflegt wurde.

---

10) L. Dean in JELH 8 (1941), 161 ff.

11) Ausg. D. C. Allen, Baltimore 1946.

12) B. Evans, The Psychiatry of R. B., N. Y. 1944.

C. Die Versdichtung

Standen alle Kreise mindestens durch die regelmäßigen Predigten unter dem steten direkten Einfluß der Prosa und nahmen die verschiedenen Schichten irgendwie Stellung zu den dramatischen Veranstaltungen, so wirkte sich der größte Teil der Versdichtungen nur sehr begrenzt aus, weil diese gewöhnlich bloß für die engste Umgebung bestimmt waren. Eine bedeutsame Ausnahme machten jedoch die in 70 % der Dramen eingestreuten Lieder, von denen sich bis zu 20 in einigen Komödien fanden und im ersten Drittel des 17. Jhs. von den noch sangeslustigen Kreisen aufgegriffen wurden[1]). Da die Versdichtungen meistens persönlichste Anliegen behandelten, liefern sie einen besonders geeigneten Spiegel für das, was die Dichter in ihrer Zeit zutiefst bewegte.

1. Die weltliche Dichtung

Sogleich zu Beginn des Barockzeitalters zeigt sich der für mehrere Jahrzehnte typische Dualismus in der Lyrik an Donne und Jonson.

Solange Donne (vgl. S. 84) noch in engem Kontakt zum Hofe lebte, beschäftigte er sich in seinen Songs and Sonets[2]) (gedr. 1633 u. 1635) mit der Welt und der Liebe. Von Zweifeln gequält, sah er sie schon um die Jahrhundertwende meistens nicht mehr in idealem und harmonischem Glanz. Die Welt wird chaotisch, und das Liebesgetändel der Renaissance verdient nur Hohn, denn im Alltag herrschen Untreue und Egoismus vor. In der zergliedernden Darstellung, die statt anschaulicher Metaphern gelehrte Bilder verwendet, deutete sich der ‚metaphysische' Stil an, der sich dann in seiner religiösen Lyrik voll entfaltete (vgl. S. 89).

Dagegen erstrebte Jonson (vgl. S. 75) in den Epigrammes, The Forrest (1616) und Underwoods (gedr. 1660) einen nach der Klassik orientierten klaren, kraftvollen, gedrängten Stil, wodurch auch er sich — wenngleich in anderer Weise — von der Renaissancedichtung abhebt. Seine Vorliebe für einfache Versmaße

---

1) W. R. Bowden, The Engl. Dramatic Lyric, New Haven 1951.

2) Ausg. R. E. Bennett, Chicago 1942; J. Hayward, Ldn. 1949.

und Reimverknüpfungen machte ihn zum Bahnbrecher für die als kurze Sinn- und Spottgedichte bekannten Epigramme und auch für Versbriefe, die sog. ‚Episteln', in denen er immer wieder leicht spötteln konnte. Liebeslieder lagen ihm am wenigsten; dennoch machten ihn einige in seinen Dramen und Maskenspielen berühmt.

Für die wenigen Verfasser von Gedichten weltlichen Inhalts war manchmal Donne, meistens aber Jonson das Vorbild. Aus der Donne-Schule ging z. B. Cherbury (vgl. S. 69) hervor, der als Philosoph hin und wieder das Gedankliche so stark betonte, daß geradezu eine philosophische Dichtung entstand. In ähnlichen Bahnen bewegte sich Lucius Cary, Lord Falkland (c. 1610—43).

Einer der eifrigsten Verehrer Jonsons war der Geistliche Robert Herrick[3]) (1591—1674). Unter den etwa 1000 weltlichen Gedichten seiner Hesperides (gedr. 1648) befinden sich neben volkstümlichen Liedern und einfachen Trink- und Liebesversen anspruchsvollere Epistel, Epigramme und Oden. Vielseitig ist seine Darstellungsfähigkeit vom Zarten und Graziösen bis zum Derben, und bemerkenswert seine Freude am Landleben und der Natur.

Abseits von den durch Donne und Jonson begründeten Stilrichtungen stand George Wither (1588—1667), dem es als Puritaner weder auf das Zergliedern von Seelenzuständen, noch auf gekünstelte Formen ankam. Seine Abuses Stript and Whipt (1613) stellen eine gegen den Hof gerichtete Satire dar, die ihm Gefängnis einbrachte. Die als Rechtfertigung gedachten fünf Hirtengedichte The Shepherds Hunting (1615), die Elegie Fidelia (1615) und Faire-Virtue (1622), das seine besten lyrischen Stücke enthält, wenden sich gegen jedes unnatürliche Empfinden. Die große Verbreitung von Withers Werken beweist, wie stark sich die puritanischen Kreise für die Kritik an den hauptsächlich vom Hof geförderten Modeströmungen interessierten.

Zu diesen gehörten auch die auf die höfische Umgebung beschränkten Gesellschaftsgedichte der Kavaliere, die im Wetteifer eine Synthese zwischen Jonson und Donne anstrebten. Eingeleitet wurden sie von Thomas Carew[4])

---

3) S. A. Tannenbaum, A Concise Bibl. of R. H., N. Y. 1949.
4) Ausg. R. Dunlap, Oxf. 1949.

(c. 1595—c. 1639), der „von Festen singen und die Welt der Liebe preisen" wollte. Bei seinem Streben nach Formvollendung blieb besonders seine Liebeslyrik kühl und spielerisch. Der leichtlebige und begabte Kavalierdichter Sir John Suckling (1609—42) schrieb schwungvolle Sonette sowie witzige und lustige Verse über Nichtigkeiten. Seine ganze Art spricht deutlich aus dem humorvollen und leicht satirischen Gedicht A Session of the Poets (1637), in dem seine Kollegen unter die Lupe genommen werden.

Respektvoller zeigte sich William Habington[5] (1605 bis 1654) in der Gedichtsammlung Castara (gedr. 1634), die er zu Ehren seiner Geliebten und späteren Frau abfaßte. Als Muster keuscher Liebeslyrik galten die mit klassischen Anspielungen versehenen Gedichte von Richard Lovelace (1618—c. 1657), die — wie viele von Suckling u. a. — von den damals angesehensten Musikern vertont wurden. Unter seinen Naturgedichten zeigen einige kleine Stücke, wie über die Fliege, Ameise, Schnecke, Spinne und Kröte, ein gewisses Talent. Seine Liebeslieder riefen ein paar gute Nachahmungen bei Sidney Godolphin (1610—43) hervor, dessen gleichmäßige Verehrung für Jonson und Donne so weit ging, daß er in Gedichten auf ihren Tod jeweils den Stil des Beklagten anwandte.

2. Die religiöse Dichtung

Die Zerrissenheit und Skepsis des frühen Barockzeitalters fanden ihren erschütterndsten Ausdruck in der religiösen Dichtung.

Nachdem schon in der Renaissancelyrik Molltöne zu vernehmen waren (vgl. S. 53 f.), wurden sie in den religiösen Gedichten der Übergangszeit immer lauter. Das beweisen die Sammlungen Maeoniae (gedr. 1595) und A Fourefold Meditation (gedr. 1595) des Jesuiten Richard Southwell (1561—95) mit der Sehnsucht des reuigen Sünders nach dem Jenseits.

Bei Donne (vgl. S. 84) waren die Zweifel an den Renaissanceidealen schon in seiner Jugend erkennbar (vgl. S. 87). In den 1100 Verse umfassenden Gedenkgedichten Anniversaries (1611/12) versank ihm dann durch Kopernikus die einst erträumte Schönheit des Makrokosmos mit dem Menschen als Mittelpunkt, so daß er sich

[5]) Ausg. K. Allott, Liverpool 1948.

ins Jenseits flüchtete, ohne allerdings Frieden zu erlangen. Und nachdem er 1615 in die Dienste der anglikanischen Kirche getreten war, wandte sich sein ruheloser Geist in den Holy Sonnets[6]) (1617) und in drei Hymnes (seit 1619) ganz der Frage seiner Nichtigkeit und den Schrecken vor dem Jüngsten Gericht zu. Die aufreibenden Kämpfe seiner gequälten Seele zerbrachen die bis dahin bekannten dichterischen Formen und führten den ‚metaphysischen' Stil zur Blüte, dessen Hauptkennzeichen durch die starke Mischung zwischen Gefühl und Gedanklichem zustande kamen, nämlich: überraschende Metaphern, die Konkretes mit Begrifflichem koppeln (z. B. Geliebte und göttliche Wahrheit), seltsame Zusammenstellungen von Ungleichartigem (Destillierkolben und Liebe) oder von Erhabenem mit Alltäglichem (Sterben als Südwestpassage).

In diesem Stil entstanden Gedichte, die nicht mehr für den Gesang geeignet waren. Lyrik und Musik brachen im Barock auseinander[7]).

Auch der gläubige Anglikaner George Herbert[8]) (1593 bis 1633) stellte alles in den Dienst Gottes, den er aber nicht erst in zermürbendem Ringen zu suchen brauchte, sondern von der Kirche übernahm, was — wie aus seiner Sammlung The Temple (gedr. 1633) zu ersehen ist — innere Kämpfe um die Preisgabe alles Weltlichen nicht ausschloß. In der Analyse seiner schwankenden Stimmungen folgte er dem von Donne in der Liebeslyrik gegebenen Beispiel. Am Ende aller Unrast steht aber immer der gütige, väterliche Gott, für den Herbert wie ein Sänger für seine Geliebte zu dichten beabsichtigte. Der Stil seiner 169 Gedichte, für die 140 verschiedene Strophenformen verwendet wurden, ist im allgemeinen einfach und weist die Eigenart auf, alltägliche Wörter und Gegebenheiten stärker als üblich einzubeziehen.

Wither (vgl. S. 88) nimmt auch in der religiösen Dichtung eine Sonderstellung ein, und zwar dadurch, daß er neben Andachtsliedern und anderen frommen Gesängen

---

[6]) H. Gardner, J. D.: The Divine Poems, Oxf. 1952; A. Esch, Engl. religiöse Lyrik des 17. Jhs., Tübg. 1955.

[7]) R. Wallerstein, Studies in Seventeenth-Century Poetic, Wisconsin 1950.

[8]) R. Tuve, A Reading of G. H., Ldn. 1952; M. Bottrall, George Herbert, Ldn. 1954; Ausg. F. E. Hutchinson, Oxf. [2]1953.

seine Collection of Emblemes (1635) herausbrachte, d. h. eine Sammlung von Dichtungen, die den möglichen religiösen Gehalt von Bildern symbolisch erörterten. Mit diesem Werk folgte Wither den kurz vorher veröffentlichten Emblems Divine and Moral[9]) (1635) des königstreuen Puritaners Francis Quarles (1592 bis 1644), der damit den größten Bucherfolg seiner Zeit erzielte. Letzter Sinn der Embleme war, die Welt als Stätte der Versuchungen und den Menschen als elendes Geschöpf darzustellen, wobei die Sprache mit Metaphern stellenweise überladen wurde.

Durch die Bearbeitung biblischer Geschichten in den Divine Poems (1633), die in ‚heroic couplets' (vgl. S. 93) die Bibel auf gelehrige oder auch primitiv alltägliche Weise erläutern wollte, betätigte sich Quarles noch in der epischen Dichtung, die dem Empfinden des Barocks besonders zu liegen schien und eine Generation später durch Milton zu einem neuen Höhepunkt geführt wurde (vgl. S. 112 f.). Auf dem Wege dahin verdienen einige Versuche religiöser Epik während des Frühbarocks Beachtung. Der Lyriker Southwell (vgl. S. 89) nahm als erster nach dem 13. Jh. (vgl. Bd. I, 105 ff.) wieder den Versuch auf, biblische Stoffe zu Themen heroischer Gedichte zu wählen. In seinem kleinen Epos St. Peters complaynt (1595) trat an die Stelle des in einer freien Welt wirkenden Helden der durch Sünde und Reue zerknirschte Mensch Petrus. Unter den vielen Nachahmungen ist Giles Fletchers (c. 1586—1623) Heilsgeschichte Christs Victorie and Triumph (1610) am beachtenswertesten. Christus erhält zwar heldisch-kriegerische Züge, das Hauptinteresse gilt aber der Erlösungsidee und die eigentliche Spannung liegt im Gegensatz zwischen dem unwürdigen Menschen und der göttlichen Erhabenheit.

Eine eigenartige Stellung hat Phineas Fletchers (1582 bis 1650) Epos The Purple Island (1633), das Elemente aus Spensers ‚Schäferkalender' (vgl. S. 45) einbezog und die anatomischen Allegorien der ‚Feenkönigin' erweiterte. Das ‚Purpureiland', d. h. der von Blut durchströmte und eine Seele besitzende Mensch, ist als vorzüg-

---

9) E. James in ‚Texas Studies in Engl.' 23 (1943), 26 ff.

lichste Schöpfung ganz Gott verpflichtet und gelangt durch Flucht aus der Welt und durch melancholische Haltung zur richtigen Selbsterkenntnis.

Wie die einleitend skizzierten politischen, religiösen und philosophischen Gegebenheiten, so bezeugen auch die literarischen Werke dieser Periode eine wesentlich andere Lebens- und Weltauffassung, als sie im 16. Jh. vertreten wurde. Im Gegensatz zu dem während der Renaissance vorherrschenden Glauben an die sittliche Weltordnung und an den harmonischen Menschen erscheint nunmehr alles problematisch geworden zu sein. Die allgemeine Unsicherheit führte zur Skepsis, zum Pessimismus und auch zur Melancholie, trieb zum Suchen und Beobachten in der Wirklichkeit und am Individuum und löste leidenschaftliche Meinungsstreite aus. Es standen sich zahlreiche Antithesen oder Dualismen — wie Diesseits-Jenseits, Materie-Geist, Sünde-Erlösung, Vernunft-Glaube — gegenüber, ohne zu einer Lösung zu gelangen.

Am breitesten wurde die fragwürdige Welt auf der Bühne geschildert. Die Komödie führte in erster Linie die gebrochenen Menschen und ihre niederträchtigen Umgebungen vor. Die Tragödie unterstrich die widrigen Umwelteinflüsse und zeichnete vorzugsweise die an diesen zugrunde gehenden Durchschnittsmenschen mit ihren Verirrungen, Missetaten oder gar Verbrechen. Bezeichnend für diesen Zeitabschnitt ist die am stärksten vertretene, neu entstandene Gattung der Tragikomödie mit ihrem Mischcharakter und ihren oft sehr gesuchten Zufälligkeiten. Die dramatische Betätigung am Hofe machte dagegen den Eindruck absichtlicher Flucht aus der widerwärtigen Wirklichkeit in erträumte romantische Gefilde.

In dieser Periode der Aufspaltungen und Unsicherheit, der Angst und Sorge und der allgemeinen Entwertung von Welt und Mensch ist es verständlich, daß die Gedanken an Sünde, Tod und Jenseits so viel Raum einnahmen, was durch die sehr zahlreichen Predigten offenbar wird, die nicht nur gehört, sondern — wie die 1611 als ‚Authorized Version' zustande gekommene offizielle englische Bibel — fleißig gelesen wurden. Das einzige von Belang, was die Prosaliteratur sonst noch bereicherte, waren die ‚Characters' und ‚Essays', zwei aus den damaligen Bedürfnissen nach seelischer Analyse und richtiger Lebenshaltung entstandene Gattungen. Aus demselben Drang nach intensiver Beschäftigung mit dem Ich und seinen Nöten resultierte eine außerordentlich impulsive Briefliteratur, die ebenfalls durch Resignation charakterisiert ist. Die englische Prosa fand erstmals statt des Lateins auch Verwendung bei dem vergeblichen Suchen nach befriedigenden Lösungen in den Wissenschaften, wobei die Philosophen besonders rege waren.

Am tiefsten erklang die entsagende Stimmung aus der religiösen Lyrik, in der die menschliche Ohnmacht, Weltverachtung, Lebensverneinung und das Streben nach Ruhe in Gott — manchmal in mystischer Weise[10]) — zu Hauptthemen wurden. Die weltlichen Gedichte beweisen dagegen, daß ausnahmsweise auch manche Seite des Lebens positiv bewertet werden konnte, doch ist selbst die im allgemeinen heitere Kavaliersdichtung in einigen Stücken nicht frei von Resignation.

Das Nebeneinander oder gar die Durchkreuzung von Rationalismus und Mystik zeigt sich natürlich auch in den Stilen. Bestimmend für diese wurden die von Donne begründete weitschweifige ‚metaphysische' Art oder die von Jonson vertretenen klassischen Tendenzen, die in seinen Dramen zu den ‚heroic couplets', d. h. paarweise gereimten jambischen Fünftaktern führten[11]). Der ‚metaphysische' Stil ist am kräftigsten in der religiösen Lyrik vertreten, die rationale Linie am deutlichsten in den Komödien.

2. Kapitel

WÄHREND DER PURITANERHERRSCHAFT (1642 bis c. 1660)

Der zweite Barockabschnitt hebt sich vom ersten dadurch ab, daß das dichterische Schaffen durch den Bürgerkrieg und seine Auswirkungen gehemmt wurde. Das Drama schied für die Öffentlichkeit aus, und in der sonstigen weltlichen Literatur kam es wegen der Engherzigkeit der Puritaner gegen alles Schöngeistige nur zu wenigen nennenswerten Gelegenheitsstücken. Als einzige Gat-

10) Itrat-Husain, The Mystical Element . . ., Edinb. 1948.
11) A. Sackton in ‚Texas Studies in Engl.' 30 (1951), 86 ff.

tungen gediehen die Predigten, Erbauungsstücke und Streitschriften. Die Literatur war so eng mit den Tagesfragen verbunden, daß die meisten der wenigen Dichtwerke Zeichen der einen oder anderen politischen oder religiösen Partei tragen, bis der Sieg der Puritaner die Gegenseite zum Schweigen brachte und auch die Lust an weltlichen Gesängen fast erstickte. Im ganzen herrschten auch weiterhin Skepsis und Pessimismus vor, wozu zunächst die wechselnden Niederlagen im Bürgerkrieg und nach dem Sieg Oliver Cromwells die Unzufriedenheit und Enttäuschungen sogar bei seinen Anhängern beitrugen.

A. Die Prosa

1. Die religiöse Prosa

In dem Maße wie die Puritaner die Oberhand gewannen, traten die dem Vorbild Andrewes' (vgl. S. 84) und Donnes (vgl. S. 84) folgenden katholischen Prediger — wie Henry King (1592—1669) und John Cosin (1594—1672) — hinter den puritanischen zurück, die die Massen mit schmucklosen „Parteipredigten" für ihre Sache zu gewinnen suchten. Literarischen Wert haben nur die von Anthony Tuckney (1599—1670) mit den vielen gelehrten Zitaten, Samuel Rutherford (1600—60), der hebräische Bilder heranzog, sowie Robert Leighton (1611—84) und Richard Baxter (1615—91), die dadurch für die Zukunft richtunggebend wurden, daß sie einen eindringlichen, den Zuhörer persönlich ansprechenden Stil entwickelten, wovon auch Baxters Erbauungsbuch The Saints Everlasting Rest (1649/50) zeugt.

Als Gegensatz zu den Predigten der Puritaner traten in den 40er Jahren die der Anglikaner hervor, die in den meisten Fällen gleichzeitig Dichter waren. Henry Hammond (1605—60) setzte mit seinen überladenen Sätzen und vielen Bildern ein literarisch gebildetes Publikum voraus. Im Vergleich zum ‚metaphysischen' Stil der Katholiken muß er dennoch als einfach gelten, ebenso Thomas Fuller (1608—61), der neben Hammond einer der anerkanntesten Prediger und gleichzeitig fruchtbarer Schriftsteller war. In dem Erbauungsbuch The Holy State and The Profane State (1642) zeichnete er in der

Art der ‚Characters' (vgl. S. 85) u. a. gute Eltern, Kinder, Jungfrauen, Lehrer und illustrierte die christliche Lebensführung z. T. an bekannten Persönlichkeiten.

Als Meister der englischen Barockprosa gilt Jeremy Taylor[1]) (1613—67). Seine Predigten zeichnen sich durch eine Fülle von Metaphern und lateinischen Zitaten aus. Mit besonderer Wärme widmete er sich der Kleinwelt, z. B. der Biene und Mücke, den Vögeln und Blumen, der Sternschnuppe und Kompaßnadel. Ähnlich im Stil sind seine erbaulichen Bücher. The Great Exemplar (1649) stellt das Leben Jesu dar, The Rule and Exercises of Holy Living (1650) und The Rule and Exercises of Holy Dying (1651) gehörten zu den meistgelesenen Erbauungstraktaten, und The Worthy Communicant (1660) belehrt über das Wesen des Abendmahls.

Taylor verdient auch aus der großen Menge der Verfasser religiöser Streitschriften hervorgehoben zu werden. Nach einer Verteidigung des Episkopats von 1642 sprach er sich in A Discourse of the Liberty of Prophesying (1647) für religiöse Toleranz aus, worauf er zwischen beiden Haltungen schwankte, bald die Puritaner — Clerus Domini (1651) —, bald die Katholiken — The Real Presence (1654) — angriff und durch Unum Necessarium (1655) selbst mit den Anglikanern in Streit geriet.

Aus dem Glauben an die prophetische Sendung für die Errichtung eines Gottesreiches auf Erden fühlte sich auch Milton (vgl. S. 112 f.) verpflichtet, seine früh begonnene dichterische Tätigkeit (vgl. S. 101) zu unterbrechen und sich für die puritanische Sache einzusetzen[2]). Seine Streitschriften Of Reformation in England (1641) und Of Prelatical Episcopacy (1641) wandten sich gegen die Bischöfe allgemein. Die Animadversions (1641), The Reason of Church Government (1641) und An Apology (1642) griffen die Bischöfe Hall und Andrewes an, und zwar in immer leidenschaftlicher und bitterer werdenden Tönen.

---

[1]) C. J. Stranks, The Life and Writings of J. T., Ldn. 1952; H. R. Williamson, Jeremy Taylor, Ldn. 1952.

[2]) D. M. Wolfe, M. in the Puritan Revolution, N. Y. 1941; A. E. Barker, M. and the Puritan Dilemma, Toronto 1942; Ausg. der Prosawerke v. D. M. Wolfe, New Haven 1953.

2. Die weltliche Prosa

In der gleichen Art trat Milton auch als Kämpfer gegen weltliche Einrichtungen auf, die das Individuum einengten. In The Doctrine and Discipline of Divorce (1643) und The Judgment of Martin Bucer concerning Divorce (1644) plädierte er für eine echte Gemeinschaft zwischen Mann und Frau sowie für eine liberale Anwendung der kirchlichen Ehebestimmungen. In Areopagitica (1644) forderte er Pressefreiheit, und in seiner ersten rein politischen Streitschrift The Tenure of Kings and Magistrates (1649) trat er für das Recht des Volkes ein, einen unwürdigen König zum Tode zu verurteilen, was ihm den Posten eines ‚lateinischen Sekretärs' des Auswärtigen Amtes einbrachte. Als solcher fertigte er im Eikonoklastes (1649) — auf z. T. skrupellose Weise[3]) — eine Widerlegung von John Gaudens Bild über den hingerichteten König an. Mit seinen lateinischen Schriften Pro Populo Anglicano Defensio (1651) und Defensio Secunda (1654) versuchte Milton, dem gebildeten Ausländer England als Befreier der Menschheit von der Tyrannei hinzustellen, wobei Cromwell als der ideale Monarch gepriesen wird. Nach den dann bitteren Enttäuschungen verfocht er in The Ready and Easy Way to Establish a Free Commonwealth (1659) den Gedanken der Volkssouveränität unter einem Dauerparlament[4]).

Die lebhafte Erörterung der besten Staatsform, an der auch Hobbes (vgl. S. 69) als Philosoph teilnahm, fand bescheidenen dichterischen Niederschlag in James Harringtons (1611—77) leicht utopischem Werk The Commonwealth of Oceana (1656), in dem Cromwells Protektorat als Übergang von der Monarchie zur wahren Republik gesehen wird, was von entscheidender Wirkung auf die französische Revolution von 1789 war[5]).

---

[3]) Das legte erstmalig S. B. Liljegren in Studies in M., Lund 1918, klar, wodurch die Milton-Forschung außerordentlich befruchtet wurde. Vgl. neueste Lit. S. 112.

[4]) Über die starken Nachwirkungen der Streitschriften Miltons während der Restauration vgl. G. F. Sensabaugh, That Grand Whig M., Stanford/Cal. 1952.

[5]) S. B. Liljegren, A French Draft Constitution of 1792, Lund 1932.

Was sonst noch während dieses Zeitabschnitts an nichtreligiöser Prosa von literarischem Wert veröffentlicht wurde, findet sich in ein paar Werken, die ganz verschiedenen Gattungen zugehören.

Der Mediziner Sir Thomas Browne (1605—82) wollte Vorurteile seiner Zeit beseitigen. Seine tagebuchartige, bis 1660 neunmal aufgelegte Religio Medici[6]) (1642) empfiehlt, diejenigen Meinungen aufzugeben, die sich bei experimenteller oder historischer Nachprüfung als unhaltbar erweisen. Sein längstes und ebenfalls mehrmals gedrucktes Werk Pseudodoxia Epidemica (1646) stellt alle möglichen abergläubischen Ansichten aus der Naturkunde, Geographie und Geschichte zusammen. Das durch Urnenfunde in Norfolk veranlaßte Buch Hydriotaphia, Urne-Buriall (1658) behandelt die verschiedenen Bestattungsweisen. Brownes barocke Prosa erreichte mit neuen Wortschöpfungen und kühnen Gedanken ihren Höhepunkt in The Garden of Cyrus (1658), einem Versuch, die Rautenform im Körperlichen und Geistigen auf und außerhalb der Erde als geheimnisvolles Wunder aufzuspüren.

Der aus Wales stammende James Howell (1594 bis 1666) plauderte phantasiebeflügelt und manchmal geheimnisvoll in dem zweiteiligen Buch Dodona's Grove (1640 u. 1650) über seine Zeit, wobei die Länder als Wälder und die Menschen als Bäume symbolisiert sind. In der ebenfalls populären Theorologia (1660) verwendete er für den gleichen Zweck Tiere. Als erster englischer Reiseführer können seine Instructions for forreine Travell (1642) gelten, denen er andere folgen ließ, die keine Gelegenheit versäumten, vor papistischen und puritanischen Irrtümern zu warnen.

Als Einzelwerk eigener Art ist noch Izaak Waltons (1593—1683) The Compleat Angler[7]) (1653) zu nennen. An der Geschichte von drei Naturfreunden, die dem Großstadtgetriebe den Rücken kehren und einige Tage auf dem Lande zubringen, wo sie sich besonders zu Anglern gesellen und mit diesen lange Gespräche über

[6]) Ausg. J. J. Denonian, Cbr. 1953.
[7]) B. Greenslade in RESt 5 (1954), 361 ff.

den Fischfang führen, wollte der Autor seine aus dem Beruf verstoßenen anglikanischen Freunde zu einem beschaulichen Leben ermuntern und versteckt die lauten Triumphe der Puritaner kritisieren.

B. Die Versdichtung

1. Die religiöse Dichtung

Die religiöse Dichtung führte die Traditionen des ersten Barockabschnitts fort und zeigte bei der Behandlung bekannter Themen stark individuelle Züge der Einzelgänger.

Zerrissen durch die Wirren des Bürgerkriegs, suchte Richard Crashaw (c. 1613—49) in den religiösen Gedichten Steps to the Temple (1646 u. 1648) Gott durch ein Sichhingeben nach dem Vorbild der Heiligen und Märtyrer. Das alte mystische Motiv der Seelenbrautschaft, der Vereinigung der Seele mit Gott und der Einzug der Seligen in den Himmel sind zentrale Themen dieser englischen Mystik[1]), für die Crashaw eine besondere Nuance des ‚metaphysischen' Stils prägte.

Eigene Krankheit, der Bürgerkrieg und der Tod seines Bruders führten auch den Waliser Arzt und Dichter Henry Vaughan[2]) (c. 1622—95) zur Mystik. In der von seinem Landsmann Herbert (vgl. S. 90) inspirierten Sammlung religiöser Lyrik Silex Scintillans (1650 u. 1655) erscheint die Natur wie ein Schleier, hinter dem sich die tiefsten Geheimnisse verbergen. Das Göttliche liegt noch ungetrübt in der Seele des Kindes, geht aber auch im Geist des reifenden Menschen nicht verloren und kann bei Abkehr von allem Weltlichen und bei seelischer Bereitschaft aufgespürt werden, denn die Ewigkeit strahlt als gewaltiger Lichtring in der Finsternis der Welt.

Die epischen Bemühungen des ersten Barockabschnitts fanden ihre Fortsetzung in Abraham Cowleys (1618—67) unvollendeter Davideis[3]) (c. 1652), die den Kampf zwischen David und Saul darstellen wollte. Da Held und Gegenspieler aber nur Werkzeuge Gottes und Satans sind,

---

1) G. Bullett, The English Mystics, Ldn. 1950; J. Bennett, Four Metaphysical Poets, Cbr. ²1953.
2) E. Marilla in JEGPh 41 (1942), 514 ff.; F. E. Hutchinson, Henry Vaughan, Oxf. 1947; H. Oliver in JEGPh 53 (1954), 352 ff.
3) F. Kermode in RESt 25 (1949), 154 ff.

lange Reden und Berichte die Spannung beeinträchtigen und letzten Endes die Absicht verfolgt wird, religiöse und ethische Axiome zu verkünden, handelt es sich hier weniger um ein Epos als um den Versuch eines moralisierenden Lehrgedichts.

An das Thema vom Menschen als vorbildlichem Meisterwerk (vgl. S. 91) knüpfte Edward Benlowes[4]) (1603—76) in Theophila (1652) an. Auch hier ist der epische Fortgang der Kämpfe der Titelheldin gegen die Welt und die Hölle durch lange Beschreibungen der Stufen, welche die Seele bis zur Schau der Dreieinigkeit zu durchlaufen hat, stark gehemmt, und die dichterischen Kräfte reichen nicht aus, trotz aller Wortneuschöpfungen das Unsagbare darzustellen.

Während die beiden letztgenannten epischen Stücke wegen ihrer Leidenschaft und Inbrunst ganz in die Zeit passen, wirkt das Christiade-Epos (1652) des Jesuiten Robert Clarke († 1675) altmodisch, weil sich die Kämpfe des Heilands wie im mittelalterlichen Drama auf übermenschlicher Ebene abspielen.

2. Die weltliche Dichtung

Für das weltliche Epos dieser Zeit sind zwei Bemühungen von literarhistorischer Bedeutung. Davenants (vgl. S. 81) Discourse upon Gondibert (1650) wollte — wie Cowleys ‚Davidgeschichte' (vgl. S. 98) — über Furcht, Ehre, Rache u. a. m. belehren. Das Hauptthema, der heroische Wettstreit zwischen Liebe und Ehrgeiz, wies auf das Schauspiel der Restaurationszeit hin (vgl. S. 116). Das tat auch William Chamberlaynes (1619—89) Pharonnida (1659), wo allen puritanischen Bestrebungen zum Trotz in rd. 6500 ‚heroic couplets' an den Abenteuern eines fürstlichen Liebespaares das Wunschbild heldischer Lebenshaltung gezeichnet werden sollte.

Damit rückte der Dichter dem Geist der Kavalierslyrik nahe, die am umherziehenden Hofe gepflegt wurde, und zwar von einem Teil der früher erwähnten Royalisten (vgl. S. 88 f.) und von James Graham, Marquis v. Montrose (1612—50), John Cleveland (1613—58), Sir Edward Sher-

[4]) H. Jenkins, Edward Benlowes, Ldn. 1952.

burne (1618—1702), Thomas Stanley (1625—78), John Hall (1627—56) u. a.

Auf der Gegenseite entstand während des Bürgerkriegs eine durch die Tagesereignisse inspirierte umfangreiche Kriegslyrik, für die häufig ein imperialistischer Ton charakteristisch ist. Von literarischem Wert sind aus dem Bereich der weltlichen Lyrik jedoch nur die Verse von fünf Dichtern.

Der gemäßigte Puritaner Andrew Marvell[5]) (1621—78) begann in seiner Lyrik[6]) mit schlichten, z. T. phantasievollen Liebesgedichten in der Art Donnes (vgl. S. 87), gelangte dann aber zu größerer Ungekünsteltheit, je mehr er die Natur einbezog[7]) — Upon the Hill and Grove at Billborow; Upon Appleton House (1650/52) —, was ihn neben Herrick (vgl. S. 88) zum bedeutendsten Naturlyriker dieser Periode machte. The Garden lädt mit seinen Bäumen und Vogelstimmen zum Nachsinnen ein; in der Einsamkeit[8]) wird manchmal Liebestrauer geweckt (The Mower's Song); auch Mitleid mit dem Tier regt sich (The Nymph of the Fawn). In die Naturschilderung drang sogar Politisches ein. An Horation Ode (1650) auf Oliver Cromwell griff durch Haltung und Stil besonders deutlich der folgenden Periode vor.

Das geschah in noch stärkerem Maße durch eine kleine Gruppe royalistisch gesinnter Dichter, von denen Cowley (vgl. S. 98 f.) am meisten Beachtung fand. Schon in seiner frühen Lyrik Poeticall Blossoms (1633) und Sylva (1636) wurde der ‚metaphysische' Stil durch das Verstandesmäßige überwuchert, und die unter dem Titel The Mistress (1647) erschienenen rd. 100 Liebesgedichte sind im ganzen geistreiche Erörterungen über die Besungene. Die Verschiebung auf das Rationale wird noch deutlicher in seiner Sammlung Miscellanies (1656). Wegen des Erfolges mit einigen an Pindar orientierten Oden gilt Cowley auch als Vater dieser Gattung in England.

---

5) M. Bradbrook u. M. Thomas, Andrew Marvell, Cbr. 1940.

6) Ausg. H. M. Margoliouth, 2 Bde., Oxf. ²1952; H. Macdonald, Ldn. 1952.

7) H. Summers in ELH 20 (1953), 121 ff.

8) M. Bradbrook in RESt 17 (1941), 37 ff.

Von der folgenden Periode wurde Edmund Waller (1606—87) geradezu als Vorläufer gewertet, weil er Gefühl, Phantasie und selbst Persönliches zugunsten des Verstandesmäßigen zurücktreten ließ und im Stil Ordnung und Klarheit anstrebte. Für die kleineren seiner Poems (1645 u. 1690) wählte er einfachste Strophenformen und für die längeren sowie für seine Huldigungsgedichte ‚heroische Reimpaare' (vgl. S. 93).

In diesem Versmaß hatte schon vorher Sir John Denham (1615—69) die über 300 Zeilen lange Dichtung Coopers Hill (1642) veröffentlicht. Die Beschreibungen der St. Paul's-Kathedrale, des Windsorschlosses und Runnymedes dienten bloß als Ausgang für Gedankenassoziationen, wodurch auch Denham zur Restauration überleitete.

Schließlich fanden während dieser poesiearmen Zeit noch Miltons (vgl. S. 112 f.) Jugendgedichte Beachtung, die zwar bereits in der vorangehenden Periode entstanden waren, jedoch erst 1645 im Druck erschienen. Während die lateinischen und italienischen Verse von Liebe und Naturschönheiten singen, deuten die englischen schon die tiefen Probleme an, die den Dichter mit zunehmendem Alter immer mehr beschäftigten[9]). Neben ein paar religiösen Stücken, unter denen besonders die Ode On the Morning of Christ's Nativity (1629) einiges der späteren großen Epen vorwegnimmt, stehen in der Hauptsache weltlich gerichtete Gedichte und Sonette. L'Allegro (1632/34) stellt die Weltfreude mit Lerchenjubel, sonniger Frühlingslandschaft, Festen, Gesang und Komödien als Gegenstück dar zu Il Penseroso mit Beschaulichkeit, Ruhe, Nachtigallengesang, Einsamkeit und Lektüre guter Bücher. Auch die Elegie auf den plötzlichen Tod eines Jugendfreundes, Lycidas[10]) (1637), veranlaßte Milton zu ernsten Reflexionen über die verschiedenen Lebensweisen, von denen er sich selbst der Entsagung und der Arbeit verschrieb.

Der zweite Barockabschnitt unterscheidet sich äußerlich vom ersten durch das Fehlen des Dramas und anderer

[9]) D C Allen, The Harmonious Vision, Baltimore 1954

[10]) W Shumaker in PMLA 66 (1951), 485 ff ; A Oras in MPh 52 (1954), 12 ff

Literaturgattungen. Die Herrschaft des Puritanismus vergrößerte die Spannungen. Die Problematik des Todes und der Sünde sowie die Fragen der Erlösung beschäftigten die Menschen stärker als zuvor, und der Konflikt zwischen Glaube und Vernunft spitzte sich immer mehr zu. Sündenbewußtsein, Todesgedanken und Erlösungssehnsucht nahmen einen weiten Raum ein und führten wiederholt zur Mystik. Daneben meldeten sich aber seit der Mitte des 17. Jhs. einzelne rationale Stimmen so deutlich, daß sie später als Wegbereiter des Aufklärungszeitalters aufgefaßt wurden.

Gegenüber der Renaissance, in der der idealisierte Mensch tatkräftig die Welt gestalten wollte, hob das Barockzeitalter die Leib-Seele-Einheit auf. Es löste das Individuum aus dem Kosmos heraus und machte es zum Problem. Hatte das 16. Jh. an den Wert und die Qualitäten des Menschen von vornherein geglaubt, so versuchte das 17. ihn erst eigentlich in rastlosem Bemühen zu entdecken, was in allen Bereichen des Lebens zu schwersten Konflikten und Krisen führte, ohne zu befriedigenden Lösungen zu gelangen. Der einst heroischen Haltung dem Leben und Sterben gegenüber waren im allgemeinen das Ringen um den Sinn des Daseins und die Todesangst vor dem Ungewissen gefolgt.

Ein derart umwälzendes und aufwühlendes Ringen mußte naturgemäß — wie im 15. Jh. (vgl. Bd. I, 149) — tiefgreifende Wandlungen an der Sprache auslösen[11]) und die dichterischen Stile gestalten, die zwischen dem ‚metaphysischen' und klassizistischen mit ihren vielfältigen Durchkreuzungen schwankten.

---

[11]) Vgl. W. Horn u. M. Lehnert, L a u t u n d L e b e n , 2. Bd., Bln. 1954, Zusammenfassung §§ 572 u. 575

DAS AUFKLÄRUNGSZEITALTER

(c. 1660 bis c. 1760)

DIE HISTORISCHEN, ÖKONOMISCHEN, PHILOSOPHISCHEN UND RELIGIÖSEN GRUNDLAGEN

Nach dem Tode Oliver Cromwells berief das neu konstituierte Parlament 1660 den nach Frankreich geflohenen Sohn des enthaupteten Karls I. auf den Thron und bewirkte dadurch die Restauration der Stuarts. Die bei diesen üblichen Geldnöte zwangen auch Karl II. (1660—85) sehr bald, sich den Beschlüssen des Parlaments zu fügen, nach denen die Katholiken von Staatsämtern ausgeschlossen, die Rechte der Bürger beachtet (‚Habeas Corpus Act' 1679) und die des Königs eingeschränkt werden sollten. Nach Karls II. Tode führten die Versuche seines Bruders Jakobs II. (1685—88), sich den Einengungen zu entziehen, 1688 zu seiner Absetzung und zur Berufung seines Schwiegersohns, Wilhelm von Oranien (1688—1702), der die ‚Bill of Rights' (1689) annahm und damit alle alten Rechte des Volkes anerkannte. Diese ‚Glorreiche Revolution' setzte den langen Kämpfen zwischen Krone und Parlament ein Ende und machte England zu einer Monarchie, die bis 1832 vom Parlament mit den inzwischen entstandenen Parteien der liberalen ‚Whigs' und der konservativen ‚Tories' unter Führung eines Kabinetts geleitet wurde. Unter der letzten Stuartkönigin Anna (1702 bis 1714) und unter den Hannoveranern Georg I. (1714—27) und Georg II. (1727—60) waren jeweils die ersten Minister die regierenden Herrscher.

Außenpolitisch konnte England Holland als Konkurrenten zur See ausschalten, weitere Kolonialgebiete in der Neuen Welt ergreifen, sich gegen Frankreich behaupten und wichtige Stützpunkte im Mittelmeer gewinnen. Trotz mancher Krisen ging die Entwicklung zur ersten Kolonialmacht in dem Maße stetig voran, wie es gelang, Tuche, die zwei Fünftel des Exports ausmachten, abzusetzen.

Es entsprach puritanischer Denkweise (vgl. S. 68), wenn die ‚Whigs' zur Regelung der Ein- und Ausfuhr das merkantilistische Wirtschaftssystem organisierten, das eine Steigerung des Geldumlaufs mit sich brachte, für den als Zentrale die ‚Bank von England' (1694) gegründet worden war. Das bedeutete im allgemeinen für die Kaufleute und Handwerker wachsenden Wohlstand, der dem der Großgrundbesitzer, Freisassen und Junker, welche die ‚Einhegungen' (vgl. S. 35) fortsetzten, parallel lief. Das bedeutete andererseits jedoch Not für die Landarbeiter und den Beginn eines hemmungslosen Spekulantentums.

Als Zentrum des wirtschaftlichen und gesellschaftlichen Lebens gewann London immer größere Bedeutung. Um 1700 beherbergte es etwa ein Zehntel der 5,5 Millionen Einwohner Englands.

Es gehörte zu den Tendenzen der Aufklärung, die von der Höherentwicklung der Menschheit überzeugt war, nun auch endlich etwas für die Erziehung der Massen zu tun. Infolgedessen wurden auf private Initiativen mit der Gründung von ‚Wohlfahrtsschulen' begonnen. Die exklusiven ‚Public Schools' und die beiden Universitäten Oxford und Cambridge blieben als Bildungsstätten den adligen Anglikanern vorbehalten.

Geistesgeschichtlich handelt es sich um das Zeitalter, das die Ratio zum Ausgangspunkt und Maßstab alles Sinnens und Trachtens machte, wofür die Gründung der wissenschaftlichen ‚Royal Society' (1662) symbolhaft ist, die sich die Aufgabe stellte, mit dem Verstand die in der Natur und im menschlichen Leben einheitlich wirkenden Gesetze aufzudecken.

Grundlegend dafür waren die Fragen nach dem Zustandekommen, der Gültigkeit und den Grenzen der menschlichen Erkenntnis, die John Locke (1632—1704) aufgriff und in seinem Hauptwerk Essay concerning Human Understanding (1690) untersuchte. Für ihn ergab sich, daß nicht angeborene Ideen, sondern ‚äußere und innere Erfahrungen' den Geist aufbauten. Dem Menschen blieb nicht nur die in ihren ‚primären Qualitäten' unabhängig von ihm bestehende Außenwelt, sondern auch das Metaphysische verschlossen. Die Existenz Gottes müsse allerdings aus der Ordnung und Zweckmäßigkeit der Welt logischerweise als letzte Ursache zugestanden werden. Die Sittlichkeit einer Handlung ergebe sich aus den Folgen für die Gesellschaft, deren Erhaltung und Förderung oberste Aufgabe des Individuums und des Staates sei, wobei Toleranz geübt werden müsse.

Mit diesen Gedankengängen wurde Locke zum typischen Repräsentanten der Aufklärung. Gleichzeitig aber lieferte er sowohl die Basis für den vom Gefühl getragenen Idealismus Berkeleys, der neben der nüchternen Verstandesrichtung einherlief, als auch für den Skeptizismus Humes, der in der zweiten Hälfte des 18. Jhs. immer mehr zur Geltung kam.

George Berkeley (1685—1753) ging nämlich in seinem Treatise concerning the Principles of Human Knowledge (1710) dadurch einen Schritt weiter, daß er auch die ‚primären Qualitäten' als Vorstellungen der einzelnen Geister ansah und Gott als deren Lenker postulierte, was der optimistischen Überzeugung von einer guten, zweckmäßigen Weltordnung gleichkam.

David Hume (1711—76) wies diesen Optimismus in seinen Schriften, deren Inhalt er im Enquiry concerning Human Understanding (1748) zusammenfaßte, zurück und sah den gesamten Bewußtseinsinhalt als „Bündel von Vorstellungen" an, wodurch Substanz, Existenz und Kausalität zu gewohnheitsmäßigen Assoziationsprodukten und Gott, Willensfreiheit und Unsterblichkeit zu Glaubensangelegenheiten wurden.

Die philosophischen Erkenntnisse waren von nachhaltigster Wirkung auf die religiösen Auffassungen. Den leidenschaftlichen Auseinandersetzungen im Barockzeitalter folgte nach der „Restaurierung" der anglikanischen Kirche zunächst eine Entspannung; dann drangen die verstandesmäßig betonten Richtungen durch. Wie Locke, ließ auch der Theologe John Toland in Christianity not Mysterious (1696) neben den Vernunfteinsichten die Offenbarung bestehen. Dagegen sagten sich die Deisten Anthony Collins in A Discourse of Freethinking (1713) und Matthew Tindal in Christianity as Old as the Creation (1730) von den ‚offenbarten' Wahrheiten los und führten zu einer ‚natürlichen'

Religion, deren Anhänger letzten Endes nur an Tugend, Gott und Unsterblichkeit glaubten. Gegen dieses religiöse Freidenkertum kam es erst kurz vor der Mitte des 18. Jhs. zu weitreichenden Reaktionen durch die Brüder John (1703—91) und Charles Wesley (1707—88), die hauptsächlich durch Predigten und Andachtslieder den einzelnen Menschen aus dem Bewußtsein der Sündhaftigkeit zum Glauben an Gott und seine Gnade führen wollten.

Während diese ‚Methodisten'-Bewegung von größter wirtschaftlicher und geistesgeschichtlicher Bedeutung wurde, blieben die Auswirkungen der ‚Moralphilosophen' nur auf einen kleinen Kreis beschränkt. Anthony Cooper, Graf v. Shaftesbury (1671—1713), entwickelte in seinen Characteristicks of Men, Manners, Opinions, Times (1711) — in Anlehnung an die antike Ethik — die Lehre, daß dem Menschen ein moralisches Urteilsvermögen angeboren sei, aus dem er sich für das Tugendhafte entscheiden könne. Trotz aufklärerischer Elemente tendierte diese idealistische Auffassung zum Romantischen und bildete durch Verschmelzung des Sittlichen mit dem Künstlerischen — worin Francis Hutcheson 1720 noch weiter ging — eine Richtung, die zwar erst im letzten Viertel des 18. Jhs. zur Auswirkung kam, jedoch — wie der Idealismus Berkeleys — bereits im Zeitalter der Ratio eine mehr vom Gefühl getragene Gegenströmung darstellte.

Dieses Nebeneinander von dem vorherrschenden Verlangen nach verstandesmäßiger Erkenntnis und von einem durch das Gefühl getriebenen Wollen kennzeichnet auch das Schrifttum der klassizistischen Ära, die durch die Restaurationsperiode vorbereitet wurde.

1. Kapitel

DIE RESTAURATIONSPERIODE

(c. 1660 bis Ende des 17. Jhs.)

Die Restaurationsperiode ist als typische Übergangszeit zwischen Barock und Klassizismus anzusehen. In ihr wirkte noch viel Altes nach; sogar die dichterische Höchstleistung des Puritanismus — Miltons Epen — erschienen erst nach 1660. Doch trat gleichzeitig das Rationale immer stärker hervor.

Als weiteres Kennzeichen dieses Abschnitts muß einerseits die Orientierung zum Hofe hin gelten, der, ähnlich wie im ersten Drittel des 17. Jhs., durch den französisch ausgerichteten König und die führende Oberschicht tonangebend, aber auch zum Brennpunkt scharfer Kritik wurde, und andererseits wünschte man, das Bürgertum nach dem Ende der puritanischen Bevormundung aufzuklären und zu belehren.

A. Die Prosa

1. Die weltliche Prosa

Typisch für das literarische Streben der Restaurationszeit ist in fast allen damals betriebenen Gattungen der vielseitige John Dryden[1]) (1631—1700). Durch die mit seinen Dramen verbundenen Vor- und Nachreden[2]), von denen An Essay of Dramatic Poesy[3]) (1668), The Author's Apology for heroic Poetry (1677) u. a. auch als Extraschriften erschienen, wurde er wegen des klaren und sinnfälligen Stils bahnbrechend für die Prosa[4]), in die von jetzt ab Gebiete einbezogen wurden, die bisher gar nicht oder nur andeutungsweise prosaische Behandlung gefunden hatten.

Allgemeines Thema wurde das menschliche Handeln. Es stand im Mittelpunkt der literarischen Geschichtsschreibung von Edward Hyde, Graf v. Clarendon (1609 bis 1674), und von Gilbert Burnet (1643—1715), die in ihren erst später gedruckten Werken Einzelpersönlichkeiten in die politischen Gesamtsituationen überzeugend in einfacher Sprache einzureihen verstanden. Es kam ferner zur Darstellung in zahlreichen, nicht für die Öffentlichkeit bestimmten Memoiren, Autobiographien und Tagebüchern, unter denen das von John Evelyn (1620 bis 1706) aufschlußreiche Zeitbilder und gute Personenskizzen vermittelt, während das von Samuel Pepys[5]) (1633 bis 1703) das Denken, Fühlen und Handeln des Verfassers

1) H. Monk in JELH 14 (1947), 46 ff.; D. N. Smith, John Dryden, Cbr. 1950; K. Young, John Dryden, Ldn. 1955.
2) W. B. Gardner, The Prologues and Epilogues of J. D., N. Y. 1951.
3) F. Huntley in MLN 63 (1948), 88 ff.
4) L. Feder in PMLA 69 (1954), 1258 ff.
5) A. Bryant, Samuel Pepys, Ldn. ²1947; D. Dale in NQ 181 (1941), 240 ff., 256 ff.

für jeden Tag der Jahre 1660 bis 1669 enthüllt. Margaret Cavendish, geb. Lucas (c. 1623—73), gab in ihrer und ihres Gatten Biographien (1656 u. 1667) u. a. eine Darstellung verschiedener literarischer Salons und der sich schriftstellerisch betätigenden Damen, und Baxter (vgl. S. 94) zeichnete im Breviate of the Life of Margaret Baxter (1681) ein Bild seiner geistig regen Gemahlin. Von Walton (vgl. S. 97) erschienen zwischen 1640 und 1678 die Lebensbeschreibungen von vier Dichtern (Donne, Wotton, Hooker und Herbert) und von einem Bischof in leichtem Plauderton. Erheblich erweitert wurde die Biographienschreibung durch die aufkommende Mode, den Dichtwerken Lebensläufe voranzustellen, die dann gesammelt herauskamen, z. B. als Theatrum Poetarum (1675) von Edward Phillips († c. 1696) oder als Lives of the Most Famous Poets (1687) von William Winstanley († 1698).

Gegen Ende der prosaarmen Restaurationszeit erschienen noch die als Miscellanea (1680 ff.) zusammengefaßten politischen Abhandlungen, Briefe und einflußreichen Essays von Sir William Temple (1628—99) sowie Mrs. Aphra Behns (1640—89) Love Letters between a Nobleman and his Sister (1683) und die lebendigen Erzählungen Three Histories (gedr. 1688) und Histories and Novels (gedr. 1697), in denen die Verfasserin — entgegen der vorherrschenden Zeitströmung — für das Recht der Frau auf Gefühle eintritt.

In höfischen Kreisen kursierten zahlreiche ins Englische übertragene französische heroische oder empfindsame Liebesgeschichten alten Stils, die häufig Stoffe für die Dramen dieser Zeit lieferten (vgl. S. 116).

2. Die religiöse Prosa

Nach der Übersättigung mit religiöser Prosa während des Barocks ist diese in der Restaurationszeit nur schwach vertreten. Pflege erfuhr sie vornehmlich von einigen Predigern, die dem Kreise der ‚Cambridge Plantonists' angehörten, für die Glaube und Vernunft keine Gegensätze waren, und von den ‚Latitudinariern', die das Verstandesmäßige noch mehr unterstrichen und zum Deismus überleiteten[6]). In The True Intellectual System (1678) widerlegte Ralph Cudworth (1617—88) alle metaphysisch-atheistischen Thesen, und seine Predigten behandelten in streng logischer Gliederung große Themen. Diese Art wirkte besonders auf Robert South (1634 bis 1716), der gleichfalls einen einfachen, natürlichen Stil forderte, im Gegensatz aber zu Isaac Barrow (1630—77) unpersönlich war, während John Tillotson (1630—94) eine Synthese zwischen beiden anstrebte. Außerhalb der ‚Cambridge Platonists' verdienten Baxter (vgl. S. 108) und William Bates (1625—99) als Prediger wegen ihrer verständlichen und überzeugenden Sprache genannt zu werden.

Was sonst an religiöser Prosa erschien, gehörte — wie bei der weltlichen — im wesentlichen der Autobiographie an, wie z. B. das Journal[7]) (gedr. 1694) des Quäkers George Fox (1624—91). Am wirksamsten auf die breiten Massen war John Bunyan[8]) (1628—88), der in Grace abounding to the Chief of Sinners (1666) seine inneren Kämpfe vom Klempner bis zum Dissenterprediger in lebendiger Umgangssprache darlegte. In der gleichen Absicht, einfachen Menschen ein Helfer zu sein, schrieb er sein Werk Pilgrim's Progress[9]) (1678 u. 1684), das in allegorischer Weise die gefahrvolle Reise eines sündigen Mannes zur Unsterblichkeit schildert. Das Gegenstück The Life and Death of Mrs. Badman (1680) zeigt an der Biographie eines kleinstädtischen Kaufmanns den Weg des Gottlosen zur Verdammnis.

B. Die Versdichtung

1. Die Lyrik und Verssatiren

Die Wendung zu weltlichen Themen trat besonders deutlich in der Versdichtung zutage. Die einzigen religiösen Gedichte, die während der ersten zwanzig Jahre im Manuskript Beachtung fanden, waren die Poems

---

6) G. R. Cragg, From Puritanism to the Age of Reason, Cbr. 1950, 61 ff.

7) Ausg. J. Nickalls, Cbr. 1952.

8) R. Sharrock, John Bunyan, Ldn. 1954.

9) Ausg. G. B. Harrison, N. Y. 1941; R. Sharrock in RESt 24 (1948), 102 ff.; M. Hussey in MLR 44 (1949), 483 ff.

(gedr. 1903 u. 1910) des Anglikaners Thomas Traherne[1]) (c. 1637—74), der — wie sein Landsmann Vaughan (vgl. S. 98) — die Kindheit als Zeit der Verbundenheit zwischen Gott und Mensch verklärte.

Dagegen sammelte man — wie einst Tottel und seine Nachfolger (vgl. S. 52) — eifrig alles, was an Versen weltlichen Gehalts aufzutreiben war und brachte ‚Miscellanies' und ‚Song Books' heraus. In ihnen fanden neben Volksliedern, Balladen und ‚broadside ballads' (vgl. S. 23) viele politische und satirische Gedichte — häufig gegen die Puritaner gerichtet — Aufnahme. Eine Anzahl meist spielerische, z. T. aber philosophisch angehauchte oder auch ungeschminkt zur Liebe überredende anonyme Dichtungen wurde Höflingen zugeschrieben, von denen drei herausragen[2]).

Charles Sackville, Graf v. Dorset (1638—1706), erinnert in seinen besten Liedern an Carew und Suckling (vgl. S. 88 f.) und trat mit den Strophen On the Countess of Dorchester (1680) als Satiriker hervor. Sir Charles Sedley (c. 1639—1701) schrieb neben schlichten Liebesversen auch gekünstelte und pikante Gedichte, die manche Züge der klassischen Dichtung vorwegnahmen. John Wilmot, Graf v. Rochester (1647—80), war wegen seiner tieferen Empfindungen und echten Gefühle der gewichtigere. Seine Liebeslieder[3]) treten hinter den Satiren[4]) zurück. Er zögerte nicht — ähnlich wie es Marvell (vgl. S. 100) getan hatte —, Karl II. wegen seiner Fehler und Schwächen anzugreifen, nachdem u. a. auch Dryden (vgl. S. 107) nicht versäumt hatte, dem König in Astræa Redux[5]) (1660) und A Panegyric to his Sacred Majesty (1661) zu huldigen.

Als längste Verssatire gegen gewisse Zeiterscheinungen, vor allem aber gegen den religiösen und politischen Fanatismus der Puritaner, erschien das komische Heldengedicht Hudribas (1663/78) von Samuel Butler (1612 bis 1680). Aus den Streitgesprächen des Presbyterianers

1) G. I. Wade, Thomas Traherne, Princeton 1944; A. Russell in RESt 6 (1955), 34 ff.

2) J. H. Wilson, The Court Wits of the Restoration, Princeton 1948.

3) Ausg. H. Levin, Norfolk/Con. 1942.

4) J. Moore in PMLA 58 (1943), 393 ff.

5) H. Swedenberg in StPh 50 (1953), 30 ff.

Hudibras und des Independenten Ralph, die wie Don Quichote und Sancho Pansa als Ritter und Knappe mit Besserungsabsichten durch die Welt ziehen, spricht die Mahnung, die überall herrschenden Leidenschaften zweckvoll einzusetzen.

Der ‚Whig'-Anhänger John Oldham (1653—83) richtete Satiren gegen Lasterhaftigkeit — A Satyr against Vertue (1679) —, gegen die Jesuiten — Satyrs upon the Jesuits[6]) (1681) —, gegen Unterwürfigkeit und andere Schwächen seiner Zeit, während Dryden (vgl. S. 107) für seine Satiren von persönlichen Anlässen ausging. Absalom and Achitophel[7]) (1681) wandte sich gegen den Versuch Shaftesburys (vgl. S. 106), Katholiken von der Thronfolge auszuschließen. Auch The Medal (1682) war gegen Shaftesbury gerichtet, dessen Anhänger seinen Freispruch vom Hochverrat bewirkt und ihm zu Ehren eine Medaille herausgebracht hatten, und MacFlecknoe[8]) (1682) griff Shadwell (vgl. S. 119) an. Wegen ihres neuen Stils sind diese Satiren wertvoller als Hunderte von anderen dieser Epoche, die z. T. auf Flugblättern die Politik, die Hofwelt mit ihrer Unmoral, die literarischen Rivalitäten, die Wirtschaft, die Mode und die Gesittung der Stände angriffen. Wie Oldham teilweise schon, ersetzte Dryden den zornigen Ausdruck und die rauhe Form durch eine würdige und manchmal humorvolle Sprache in sorgfältig geschliffenen Versen. An die Stelle des Schlagworts trat die geistreiche Auseinandersetzung mit der Gegenseite, und statt der Zerrbilder entstanden wirkliche Charakterschilderungen.

Besondere Eigenarten kennzeichnen Dryden auch in der Lyrik, die sich über die ganze Restaurationsperiode erstreckte[9]). Da sein Hauptgrundsatz war, nur klare Gedanken oder Empfindungen auszudrücken, schrieb er in wechselnden Versmaßen weniger Liebes- als Gesellschaftsgedichte oder Elegien. Von 1685 ab bediente sich der alternde Dichter bei besonderen Anlässen auch einer freien Odenform, bei der unregelmäßige Verse zu Strophen lose verbunden sind, wie in Threnodia Augusta-

6) H. G. Plum, Restoration Puritanism, Chapel Hill 1943.
7) W. Williams in PMLA 58 (1943), 958 ff.; ders. in JELH 11 (1944), 38 ff.
8) R. Smith in RESt 18 (1942), 322 f.
9) M. van Doren, J. D., A Study of His Poetry, N.Y. 1946.

lis (1685) auf Karls II. Tod, in A Song for S. Cecilia's Day (1687) und in Alexander's Feast (1697) auf den Festtag der hl. Cäcilia.

2. Miltons Epen

Die Uneinheitlichkeit der Restaurationsperiode kommt besonders kraß dadurch zum Ausdruck, daß gerade in den Jahren der aufblühenden geringwertigen Kavalierslyrik und der gegen den Puritanismus gerichteten Satiren Miltons Epen erschienen, die die puritanische Sache — z. T. geläutert — vertraten.

Nachdem sich John Milton[10]) (1608—74) schon als Student zur Abfassung des würdigsten Nationalgedichtes berufen fühlte, dann aber nahezu zwanzig Jahre lang als Verfasser von Streitschriften in den Dienst Cromwells getreten war (vgl. S. 95), wandte er sich nach dem Zusammenbruch der Republik verarmt, durch den Tod seiner zweiten Frau vereinsamt und als Erblindeter in den Jahren 1658 bis 1663 dem Werk zu, das 1667 in zehn und 1674 in zwölf Büchern als Paradise Lost[11]) erschien.

Thema dieses größten englischen religiösen Epos ist es, dem Menschen die Wege Gottes zu erklären und dabei die Beziehungen zwischen der physischen und metaphysischen Welt dichterisch darzustellen. Nachdem der gestürzte Satan den mitgefallenen Engeln seine Absicht zur Gewinnung der neugeschaffenen Erde mitgeteilt und Christus von Gott die Aufgabe des Erlösungswerks zugewiesen bekommen hat (I—III), legt Satan seinen Verführungsplan fest (IV). Raphael erklärt den ersten Menschen die Wege Gottes (V), das Wesen der Offenbarung, der Willensfreiheit und der Vernunft (VI—VIII). Um nicht allein sündig zu sein, verführt Eva, die vom verbotenen Apfel gegessen hat, Adam, bei dem ebenfalls Sinnlichkeit über Vernunft siegte[12]) (IX). Sünde und Tod ergreifen Besitz von

---

10) E. M. Tillyard, Milton, Ldn. ²1946; J. H. Hanford, J. M.: Englishman, Ldn. 1950; D. Saurat, M., Man and Thinker, Ldn. 1952; W. Clyde Curry in A 70 (1951), 129 ff.

11) J. S. Diekhoff, Milton's P. L., N. Y. 1946; D. Bush, P. L. in Our Time, N. Y. 1945; B. Rajan, P. L. and The Seventeenth Century, Ldn. 1947; A. J. Waldock, P. L. and its Critics, Cbr. 1947; E. M. Tillyard, Studies in Milton, Ldn. 1951; Ausg. H. Darbishire, Oxf. 1952.

12) M. Bell in PMLA 67 (1953), 863 ff.; E. L. Marilla, The Central Problem of P. L., Upsala 1953; E. Mertner in A 69 (1950), 105 ff.

der Erde. Adam und Eva finden Trost und neue Hoffnung in gemeinsamer Arbeit (X). Durch Gottes Gnade wird der Messias den Sieg der Vernunft über die Passionen herbeiführen. Michael zeigt Adam das Weltgeschehen bis zur Sintflut (XI), die Geschichte Israels und die Zukunft der Christenheit (XII).

Dadurch, daß sich der Kampf zwischen Satan, der als intelligent und tatkräftig geschildert wird, und Christus, der manchmal vermenschlicht erscheint, gleichzeitig im Individuum zwischen Leidenschaft und Vernunft abspielt, war nach den voraufgegangenen epischen Versuchen des 17. Jhs. (vgl. S. 91 f.) nunmehr durch Milton ein wirkliches Epos geschaffen worden, in dessen Mittelpunkt der heroische Mensch stand. Vernunft und Leidenschaften — so legte der Dichter den Sündenfall für alle Menschen aus — haben durch den freien Willen eine Harmonie anzustreben, damit nicht ein Übermaß der ‚passions' zur Sünde führe. Und sozialpolitisch gesehen: nur wer dem göttlichen Gesetz folgt und sich aus freiem, von der Vernunft bestimmtem Willensentscheid richtig einordnen kann, dient der Gemeinschaft. Insofern Milton der Sinnenfreudigkeit des antiken Lebensbewußtseins eine gewisse Daseinsberechtigung zugestand, war er ebensowenig Puritaner wie in der Auffassung, daß der Mensch durch den freien Willen — nicht durch Prädestination — den Weg zu Gott finden könne, wodurch der verantwortungsbereiten Persönlichkeit der Zukunft das Wort geredet wurde.

Das Epos, in dem die Darstellung des heroischen Kampfes stellenweise durch Gedanken über Kosmologie, Religion, Ethik und Politik auf Kosten des Künstlerischen erweitert ist, weist sowohl im Aufbau als in der Sprache typisch barocke Züge auf: Die Handlungen, Schilderungen und Gespräche sind unsymmetrisch verteilt, und die 10 565 Blankverse wirken mit ihren seltenen Wörtern und Wortzusammensetzungen bald wuchtig und aufbrausend, bald sanft und lyrisch[13]).

13) A. H. Gilbert, On the Composition of P. L., Chapel Hill 1947; S. E. Sprott, Milton's Art of Prosody, Oxf. 1953; G. Kellog in PMLA 68 (1953), 268 ff.; R. Fricker in A 71 (1952/53), 331 ff.; L. Nelson in ‚Comparative Lit.' 6 (1954), 53 ff.; J. Summers in PMLA 69 (1954), 251 ff.

Miltons geläuterter Puritanismus scheint nur von kurzer Dauer gewesen zu sein, wie sein zweites Epos Paradise Regain'd[14]) (1671) beweist, das in vier sehr lehrhaft gehaltenen Büchern wesentliche Gedanken des ‚Verlorenen Paradieses' dadurch neu wendet, daß der Sieg des mit stoischen Zügen versehenen Christus über Satan z. T. in der Zurückweisung der Lockungen liegt, Schönes zu schauen, was einer Absage an die Welt der Antike gleichkommt.

Beide Epen Miltons wurden ebenso geteilt aufgenommen wie sein letztes einzigartiges Werk Samson Agonistes[15]) (1671). Die Zeit strebte nach der Rückkehr Karls II. neuen Zielen und künstlerischen Problemen zu, wie die andersgearteten Bemühungen Drydens, des Hauptrepräsentanten der Restauration, zeigen.

3. Drydens Epos und Lehrgedichte

Nachdem Dryden (vgl. S. 110) in der Versdichtung zunächst durch eine Reihe von Jugendgedichten hervorgetreten war, in denen er sich bereits vom überladenen Stil des Barocks abwandte und in ‚heroic couplets' Klarheit erstrebte, erreichte er den Höhepunkt dieser Poesie, die z. T. gesellschaftliche, z. T. heroische Dichtung ist, in dem 304 vierzeilige Strophen umfassenden epischen Werk Annus mirabilis (1667) mit der Darstellung der siegreichen Beendigung des Krieges gegen Holland und des heldenhaften Kampfes gegen das verheerende Feuer in London, wobei des Autors imperialistische und royalistische Überzeugung hervortreten.

Persönlichste Gesinnung spricht auch aus den beiden seine Religion betreffenden Lehrgedichten, mit denen er die von Cowley im ‚Davidepos' (vgl. S. 98) und von Davenant im ‚Gondibert' (vgl. S. 99) eingeschlagene Richtung fortführte. Wie Dryden politisch in der Monarchie dem Ordnungsgedanken huldigte, so strebte er auch auf reli-

---

[14]) E. M. Pope, Paradise Regained ..., Baltimore 1947; H. Schultz in PMLA 67 (1952), 790 ff.; F. Kermode in RESt 4 (1953), 317 ff.

[15]) Hier wurde — in der Gestalt Samsons — des Dichters eigenes heroisches Ringen bis zum Sieg im Vertrauen auf die Gottheit und sich selbst in der Form der griechischen Tragödie dargestellt.

giösem Gebiet nach einem klar gegliederten kirchlichen System und nach unwandelbarer Lehre. In Religio Laici[16]) (1682) unterwarf er sich dem rechten Flügel der anglikanischen Kirche; in The Hind and the Panther (1687), wo Tiere allegorisch für die verschiedenen Glaubensrichtungen sprechen, rechtfertigte er den Katholizismus, zu dem er 1686 übergetreten war. Auch diese beiden Werke erschienen in ‚heroischen Reimpaaren'.

C. Das Drama

Wie sich in der Literatur die Veränderung vom ersten zum zweiten Barockabschnitt durch die Schließung der Theater am augenfälligsten kundtat, so zeigte sich der Wandel von den puritanischen Jahrzehnten zur Restauration am deutlichsten durch den Wiederbeginn[1]) der dramatischen Tätigkeit.

Äußerlich sind zwischen den Verhältnissen der Jahre 1642 und 1660 erhebliche Unterschiede festzustellen. Statt der vor der Revolution bestehenden sechs Theater erwiesen sich in der Restaurationsperiode zunächst nur zwei als lebensfähig, und nachdem auch diese 1682 zusammengefaßt wurden, gab es in London bis 1694 nur noch ein Theater in der Drury Lane.

In den überdachten Häusern entstand eine Bühne, die nicht mehr in den Zuschauerraum vordrang, sondern von diesem durch einen Vorhang als „Guckkasten" abgeschlossen und mit versetzbaren Kulissen und Maschinen zur Befriedigung der Wünsche nach immer stärkeren Effekten ausgestattet war. Zu den größten Neuerungen gehörte das Auftreten von Schauspielerinnen in zeitgenössischen prächtigen Kleidern. Die Spielzeiten verschoben sich allmählich zum Abend hin.

Die inneren Unterschiede zwischen der dramatischen Tätigkeit in der ersten Barockperiode und der in der Restaurationszeit waren hauptsächlich dadurch bedingt, daß sich das Publikum nach 1660 fast ausschließlich aus der Hofgesellschaft und ihrem Anhang zusammensetzte. Im

16) R. Perkinson in PhQ 28 (1949), 517 f.

1) In den 40er und 50er Jahren gab es immerhin noch eine geringe heimliche Spieltätigkeit. Da es aber nicht möglich war, ganze Dramen ungestört aufzuführen, kam die Mode auf, diese zu Kurzstücken (‚drolls') zusammenzuziehen.

Repertoire ist zwar die Verbindung mit der Vergangenheit durch die Aufführung vieler Stücke des frühen Barocks gewahrt, doch entstanden sehr schnell zahlreiche Dramen, die sich von jenen wesentlich unterschieden. Sogleich nach 1660 gelangten auch italienische und französische Opern auf die englische Bühne, und sehr bald reizten sie zu Nachahmungen, deren erfolgreichster Komponist Henry Purcell (c. 1658—95) wurde. Einer der ersten Textdichter war Davenant (vgl. S. 114), dem es schon während der Puritanerherrschaft gelungen war, durch die Einfügung musikalischer Szenen in Kurzdramen (‚drolls') eine geringe legale dramatische Tätigkeit aufrechtzuerhalten. Mit ihrer schwülstigen Ausgestaltung bekannter Stoffe aus Ritterromanen, Balladen oder aus früheren Dramen — selbst aus einigen von Shakespeare — war die mit großem Pomp gespielte Oper vorerst für die Literaturgeschichte belanglos.

1. Das ‚heroische Schauspiel'

Im Vordergrunde der Dramatik stand zunächst das ‚heroic play'. Bei diesem handelte es sich um eine Art Tragödie mit dem im heroischen Epos und in den damaligen französischen Barockromanen (vgl. S. 108) immer wieder behandelten Konflikt zwischen Liebe und Ehre, und als Hauptpersonen traten gewöhnlich exotische Fürsten auf. Die Helden zeichneten sich durch Ritterlichkeit, Mut, Treue und Freundschaft aus, die Heldinnen durch Keuschheit und Hochherzigkeit. Die Konflikte entstanden dadurch, daß diese Eigenschaften ins Wanken gerieten, und die Lösung lag nicht mehr im Untergang der Hauptgestalten, sondern in deren Bewährung, so daß die Charakterentwicklung entfiel. Letzten Endes handelte es sich um Schaustücke, die längst entschwundene Heldenideale als Wunschbilder aufzeigten.

Den Ansatzpunkt zu diesen ‚heroischen Schauspielen' bot Davenant mit seiner opernartigen Siege of Rhodes (1656) (s. oben). Ihr eigentlicher Begründer war aber Dryden mit The Indian Queen (1664), wo des Inkas Tochter Orazia ihrem Geliebten, dem gegen die Mexikaner siegreichen Feldherrn, erst nach vielen Intrigen und Abenteuern zugesprochen werden kann. Dem begeistert aufgenommenen Stück ließ Dryden The Indian Emperour (1665), Tyrannick Love (1669), The Conquest of Granada (1670/71) und Aureng-Zebe (1675) folgen, durch die er führend im ‚heroic play' blieb[2]).

Neben ihm betätigten sich in ähnlicher Weise vor allem noch Roger Boyle, Graf v. Orsery (1621—79), durch The General (1664) und Mustapha (1665), Thomas Otway (1652—85) durch Alcibiades (1675) und Don Carlos (1676) sowie Nat(haniel) Lee (1653—92) durch The Tragedy of Nero (1674), Sophonisba (1675) und Gloriana (1676).

Die bis ins Maßlose und Absurde führenden Verzerrungen und Übersteigerungen der vor den Höflingen gepriesenen Ideale und heldischen Gestalten führte die Mode der in ‚heroic couplets' „dramatisierten Barockepik" in den 70er Jahren zum Ende, nachdem Dryden selbst ihrer überdrüssig geworden war und sich der elisabethanischen Tradition näherte.

2. Die Restaurationstragödie

Der uneinheitliche Charakter der Restaurationsperiode zeigt sich gleichfalls in der Auseinandersetzung mit Shakespeare. Sosehr Dryden auch von der französischen Klassik beeindruckt wurde und dem ihr folgenden Geschmack des Hofes im ‚heroischen Schauspiel' nachkam, so fühlte er sich doch immer wieder von Shakespeare so angezogen, daß er ihm nicht nur in einigen seiner literarischen Ausführungen Anerkennung zollte, sondern auch — wie mehrere andere — einige seiner Tragödien für die Restaurationsbühne „bearbeitete". Nachdem er damit — unterstützt von Davenant — am Tempest (1670) begonnen hatte, erschien sieben Jahre später sein größtes Trauerspiel All for Love (1677), dem ‚Antonius und Cleopatra' zugrunde liegt. Eine Gegenüberstellung zeigt die charakteristischen Merkmale der Restaurationstragödie: Shakespeares weite Schau war zu einer engen Gesellschaftsangelegenheit geworden; das vielfältige Geschehen schrumpfte zu einem Wettstreit zwischen Liebe und Ehre zusammen; aus dem bewegten Kampf der Leidenschaften wurde ein gemessenes Spiel

2) B. Hathaway in PMLA 58 (1943), 665 ff.

der Ratio; aus der barocken Form entstand bis in jeden Akt hinein Symmetrie. Nur der Blankvers blieb als äußeres Gewand bestehen.

Dryden, der zwei Jahre später in ähnlicher Umgestaltung Troilus and Cresside (1679) folgen ließ, machte auch durch diese Rückwendung zur elisabethanischen Tragödie Schule. In The Orphan[3]) (1679) stellte Otway (vgl. S. 117) die Liebe der Zwillingsbrüder Castalio und Polydore zu demselben Mädchen und den Untergang aller drei spannend dar. Weltenttäuschung und Liebestrauer an dem Problem der Freundschaft und dem Konflikt zwischen Gatten- und Vaterliebe schilderte er auf historischem Hintergrunde in Venice Preserv'd (1682), das wegen der künstlerischen dramatischen Gestaltung der Tragik für die unabänderlichen Verhängnisse zu den besten Blankverstragödien[4]) dieser Zeit gehört.

Lee (vgl. S. 117) gelang die Kunst tragischer Größe weniger gut. Wie in seinen ‚heroischen Schauspielen', so stellte er auch in seinen Blankverstragödien ausschweifende Laster, wilde Grausamkeiten und Übermenschen mit Schwulst dar, wofür sein bestes Werk The Rival Queens (1677) mit dem Thema der eifersüchtigen Liebe der beiden Königinnen Roxana und Statira zu Alexander d. Gr. beispielhaft ist. Der Bühnenerfolg beruhte hier und im Theodosius (1680) auf der tiefen und einsichtigen Charakterprägung der weiblichen Hauptgestalten. Durch fünf weitere Stücke — darunter Lucius Junius Brutus (1681) und Constantine the Great (1683) — wurde Lee zu einem der fruchtbarsten Vertreter der Restaurationstragödie, doch waren sie weniger erfolgreich als z. B. die von John Banks (c. 1652—1706), der diese Gattung noch bis gegen Ende des Jahrhunderts pflegte.

3. Die Gesellschafts- und Intrigenkomödie

Die bedeutenderen dramatischen Leistungen dieser Periode lagen auf dem Gebiet des Lustspiels, das sich ungehemmter von der Komödie der Vorrevolutionszeit nähren konnte. Man knüpfte an Jonson (vgl. S. 70 ff.) an und beleuchtete durch die exzentrischen ‚humours' das Allgemeinmenschliche — wie es z. B. der Einzelgänger Thomas

3) A. Mackenzie in JELH 12 (1945), 316 ff.
4) A. M. Taylor, Next to Shakespeare, Durham/Cal. 1950.

Shadwell (c. 1642—92) in einer Reihe von Stücken — darunter The Sullen Lover (1668), The Virtuoso (1676), The Squire of Alsatia (1688) — tat, oder man ging darüber hinaus und belustigte sich — wie Jonsons Nachfolger — am Bürgertum, das den anmaßenden Kavalieren Zielscheibe ihres Spottes war. Die Leute aus der Provinz, bestimmte Londoner Typen und die unerfahrenen Mädchen lieferten immer wieder Stoffe zu vielfältigen Handlungen mit komischen Zwischenfällen[5]), wobei Witz und das Molière abgelauschte dramatische Geschick zu verhältnismäßig vielen kleinen Kunstwerken führten, in denen nach klassischem Muster die Einheiten von Ort und Zeit angestrebt wurden[6]). Auch für diese meistens in Prosa geschriebenen milieubedingten Lustspiele, die sog. ‚Comedies of Manners'[7]), war abermals Dryden durch The Wild Gallant (1663) Wegbereiter.

Zum ersten repräsentativen Vertreter dieses Gesellschaftslustspiels entwickelte sich Sir George Etherege (c. 1635—92). Über die Tragikomödie The Comical Revenge (1664) führte sein Weg zu She wou'd if she cou'd (1668), wo durch die vom Lande nach London gekommenen Sir Oliver und Lady Cockwood sowie durch zwei Liebespärchen der Großstadt bewegte Lebensbilder und Situationskomiken entstehen. The Man of Mode (1676) handelt von den Fortschritten in den Liebesangelegenheiten eines durch französische Sitten „verfeinerten" Modegecks. William Wycherleys (1640—1715) vier Komödien Love in a Wood (1671), The Gentleman Dancing Master (1672), The Country Wife (1673) und The Plain Dealer (1676) sind schwungvoller und geschickter als die von Etherege, aber auch ernster und kritischer gegenüber den Unsitten der aristokratischen Lebewelt sowie den bürgerlichen Kaufleuten und Juristen. Ihm erschien das Leben als frivoles Spiel, bei dem Selbstsucht, Heuchelei und Falschheit — auch in den Beziehungen zwischen Mann und Frau — im Mittelpunkt standen.

5) E. Stoll in MLN 58 (1943), 175 ff.

6) T. H. Fujimura, The Restoration Comedy of Wit, Princeton 1952.

7) C. S. Paine, The Comedy of Manners 1660—1700, in ‚Bulletin of Biography' 17, 1940.

Die letzte Verfeinerung der Gesellschaftskomödie erreichte kurz vor der Wende des Jahrhunderts William Congreve[8]) (1670—1729) mit The Old Bachelor (1693), The Double Dealer (1693), Love for Love (1695) und The Way of the World (1700) durch feineren Witz und geschliffenere Dialoge. Trotzdem wurde ihr Erfolg immer geringer. Der wohlhabende Mittelstand, in den viele puritanische Kleinbürger hineingewachsen waren, begann andere Ansprüche zu stellen (vgl. S. 140 ff.).

Neben den ‚Comedies of Manners' blühte während der Restaurationsperiode auch die auf Fletcher und seine Anhänger (vgl. S. 73 ff.) zurückgehende Intrigenkomödie auf, bei der das Hauptgewicht auf dem bunten Wechsel der Vorfälle lag. Dryden hatte in The Wild Gallant (vgl. S. 119) auch diese Richtung schon angedeutet, und seine meisten dann folgenden Stücke stellen eine Verbindung der ‚humour'- und Intrigenkomödie dar. Nach The Rival Ladies (1664), Secret Love (1667), Sr Martin Mar-all (1667) und An Evening's Love (1668) erreichte er den Höhepunkt in Marriage A-la-Mode (1672), wo durch Eheleute, die sich einmal untreu sein wollen, und durch ein Brautpaar, das diesem Wunsch entgegenzukommen beabsichtigt, die merkwürdigsten Intrigen entstehen. Danach verfaßte er noch The Kind Keeper (1678) und The Spanish Fryar (1682).

Außer einer Reihe kleinerer Dichter beteiligte sich an der Intrigenkomödie etwa ein Jahrzehnt lang auch Mrs. Aphra Behn (vgl. S. 108). Ihre Stücke The Dutch Lover (1673), The Town Fopp (1676), The Rover (1677 u. 1680), Sir Patient Fancy (1678) und The City Heiress (1682) sind lebendig und bühnenwirksam geschrieben, fanden aber im klassizistischen Zeitalter mit seinen anderen Ansprüchen an das Theater keine Nachfolge.

Auch vom Schrifttum her gesehen erweist sich also die Restaurationsperiode als Übergangszeit. Wenngleich der Puritanismus als politische Macht besiegt worden war,

---

[8]) J. C. Hodges, W. C. the Man, N. Y. 1941; N. Marshall, The Comedies of William Congreve, Ldn. 1948; K. M. Lynch, A Congreve Gallery, Cbr./Mass. 1951.

wirkte er als geistige Kraft stark nach, wofür vor allem Bunyans vielgelesene ‚Pilgerfahrt' und Miltons große Epen zeugen. Aus zahlreichen Tagebüchern, Autobiographien und Lebensläufen spricht das weiterhin bestehende Interesse an seelischen Analysen, wobei sich jetzt eine vom Religiösen unabhängige Psychologie entwickelte, wie das auch aus Miltons Christus- und Satan-Darstellungen zu ersehen ist.

Daneben meldete sich jedoch die Reaktion gegen das Barock immer lauter und intensiver. Nach der Übersättigung mit religiösem Schrifttum trat nunmehr eine weltlich gerichtete Literatur in den Vordergrund, die viele Seiten des „puritanischen Intermezzos" schmähte und an die Vorrevolutionszeit anknüpfte.

Das wurde am deutlichsten beim wiedererstehenden Drama, das aber gleichzeitig auch die wesentlichsten Veränderungen gegenüber der Vergangenheit erkennen läßt. Das Theater war mit seinen ‚heroischen Schauspielen' oder mit seinem Witz auf Kosten des Bürgertums nunmehr Unterhaltungsstätte höfischer Kreise, die realistisch und utilitaristisch eingestellt, religiös im allgemeinen indifferent und moralisch wenig gefestigt waren.

Die meisten Dichter, unter denen Dryden für alle literarischen Gattungen anregend und führend wurde, orientierten sich zwar weitgehend nach dem französisch ausgerichteten Hofe, übten daneben aber scharfe Kritik an diesem und satirisierten sowohl allgemeine negative Zeiterscheinungen als auch Einzelfälle.

Bei dem wieder erwachenden Interesse am Leben ist eine Aufwertung des Rationalen unverkennbar. Selbst in der am Rande liegenden religiösen Prosa bedeuteten Glaube und Vernunft keine Gegensätze mehr, und in die Lyrik drang das Gedankliche so stark ein, daß vereinzelt Stimmen gegen die Überschätzung des Verstandes laut wurden.

Im Stil trat das Streben nach Klarheit immer mehr zutage und förderte in der Versdichtung und hauptsächlich im Drama die Verwendung ‚heroischer Reimpaare', die eine feste logische Gedankenführung begünstigten.

2. Kapitel
DER KLASSIZISMUS
(Ende des 17. Jhs. bis c. 1760)

Die Ausgestaltung der Aufklärungsbestrebungen führte zu einer Epoche, in der sich einige Dichter so stark an das klassische Zeitalter von Octavianus Augustus Caesar anlehnten, daß man vom ‚Augustan Age' zu sprechen begann. Literarisches Vorbild wurde in erster Linie Horaz, und es lag nahe, auch die französische Klassik als Richtschnur zu nehmen. In den Vordergrund trat die Vernunft, die über das Zergliedern hinaus zu ideologischen Systemen über den Menschen, die Gesellschaft, den Staat und die Religion reizte. Selbst die Natur interessierte nur insofern, als sich in ihr höchste Vernunftgesetze bewahrheiteten[1]). Das diesen Zwecken dienende Schrifttum hatte meistens lehrhafte, oft auch satirische oder moralisierende Tendenzen, und allzu starkes „Vernünfteln" führte häufig zu Gedankenspielereien.

Träger und Förderer solcher Einseitigkeiten waren allerdings nur die Angehörigen oder Gefolgsleute der intellektuellen Oberschicht, deren zahlreiche Grüppchen sich gern in den Kaffeehäusern trafen, von denen es zu Beginn des 18. Jhs. fast 500 gab. Das Bürgertum wurde durch diesen „offiziellen" Klassizismus ebensowenig angesprochen wie durch das eingeengte Restaurationsdrama. In dem Maße aber, wie es sich zu einem wichtigen politischen und gesellschaftlichen Faktor erhob, gestaltete es auch die Literatur und bildete eigene, für England typische Züge aus[2]), die nach 1760 immer mehr zur Romantik überleiteten.

A. Die Versdichtung

Wie sehr der „reine" Klassizismus Angelegenheit der intellektuellen Oberschicht war, offenbart sich am deutlichsten in der Versdichtung, die für das Lyrische nur wenig Raum hatte, weil sie in erster Linie Verstandesmäßiges kritisch erörtern wollte. In dieser Richtung betätigten sich seit den 90er Jahren des 17. Jhs. mit Gelegenheitsgedichten bereits William Wash (1663—1708),

---

1) B. Willey, The Eighteenth Century Background; Studies on the Idea of Nature ..., Ldn. [2]1946.

2) E. Burgum in ‚Sewanee Review' 52 (1944), 247 ff.

John Pomfret (1667—1702) und vor allem Matthew Prior[3]) (1664—1721), der mit seiner Freude am Graziösen, Spielerischen und Schnörkelhaften dem Rokokostil — und damit Pope, dem eigentlichen Exponenten des englischen Klassizismus — vorarbeitete.

1. Popes wichtigste Dichtwerke

Alexander Pope[4]) (1688—1744) kam mit verwachsenem Körper auf die Welt und war hoch begabt. Je mehr ihm während des Selbststudiums seine Fähigkeiten zum Bewußtsein kamen, um so stärker stiegen sein Geltungsbedürfnis und seine persönliche Eitelkeit. Als 21jähriger veröffentlichte er die Pastorals (1709), vier Eklogen auf die Schäferwelt, deren galant flirtende Hirten- und Hirtinnen-„Figürchen" sich völlig von dem Hintergrund der englischen Landschaft gelöst hatten. Das Gedicht Windsor Forest (1713) mied das Persönliche und nahm die Natur nur als Rahmen für historische Betrachtungen, wobei die Gegenüberstellung der barbarischen Vergangenheit mit der fortschrittlichen Gegenwart ganz im Sinne der Aufklärung geschah.

Den Höhepunkt der Rokokodichtung bildete The Rape of the Lock[5]) (1712 u. 1714), ein komisch-heroisches Epos[6]), das den Raub einer Locke und den dadurch entbrannten Streit zweier adliger Familien witzig und leicht ironisch schildert und dabei alle Mittel der Rokokokunst verwendet: die Welt erscheint als Miniatur, der Kampf wird allegorisch gestaltet, als gute und böse Geister treiben Sylphen, Amoretten und Gnome ihre neckischen, anmutigen Spiele.

---

[3]) M. Spears in PhQ 27 (1948), 159 ff.; ders. in PMLA 63 (1948), 485 ff.; ders. in StPh 45 (1948), 606 ff.; Ch. K. Eves, M. P.: Poet and Diplomatist, N. Y. 1939.

[4]) J. E. Tobin, A. P.: A List of Critical Studies from 1895—1944, N.Y. 1945; N. Ault, New Light on P., Ldn. 1949; B. Dobrée, Alexander Pope, Ldn. 1951; W. L. MacDonald, P. and his Critics, Ldn. 1951.

[5]) Ausg. G. Tillotson, Ldn. [2]1954; G. Fletcher in StE 24 (1944), 109 ff.; L. Martin in RESt 20 (1944), 299 ff.; H. Reichard in PMLA 69 (1954), 887 ff.; W. K. Wimsatt, A. P.; Selected Poetry and Prose, N. Y. 1951.

[6]) Vorläufer dieser Gattung waren The Dispensary (1699) von Sir Samuel Garth (1661—1719) sowie The Splendid Shilling (1701) und Cyder (1708) von John Philips (1676—1709).

Zu diesen Mustern klassizistischer Dichtung schrieb Pope gleichzeitig die theoretische Fundierung, die als Essay on Criticism (1711 u. 1713) anonym herauskam. In 372 Reimpaaren forderte er vom Dichter und Kritiker, den Verstand zum Führer der frei gestaltenden und urteilenden Kräfte zu machen. Allgemeine Gedanken müßten korrekt ausgesprochen werden, wobei Harmonie zwischen Gehalt und Form anzustreben sei[7]). Dieses Werk wurde richtunggebend für des Autors Zeitgenossen.

Mit den Homer-Umdichtungen Iliad[8]) (1715/20) und Odyssey (1725/26) gab Pope dem englischen Klassizismus das der Aufklärung gemäße „heroische"[9]) Epos, das ihm Ruhm einbrachte. Dagegen wurde er wegen seiner Shakespeare-Ausgabe (1725), die zeigte, daß er die Größe des dramatischen Genies zwar anerkannte, ihr jedoch nicht gerecht werden konnte, scharf angegriffen, was ihn veranlaßte, die Satire gegen die Schreiberlinge — wiederum anonym — unter dem Titel The Dunciad[10]) (1728 ff.) in immer bitterer werdenden Ausgaben — zuletzt 1743 — zu veröffentlichen.

Alsdann stellte er auf Anregung des Politikers und Popularphilosophen Bolingbroke im Essay on Man[11]) (1732/34) „die allgemeinen Wahrheiten seines Zeitalters" in Reimpaaren dar. Hatte Milton aus dem Barock heraus den Menschen vor Gott zu rechtfertigen getrachtet, so machte der Aufklärer Pope den umgekehrten Versuch: der Mensch, den es zu erforschen gelte, stehe im Mittelpunkt der gesetzmäßig aufgebauten Gesamtnatur. Mag der Sinn des Übels auch unerkennbar bleiben, die das All leitende höchste Vernunft werde stets für einen Ausgleich der verschiedenen Kräfte sorgen.

Es handelte sich also um die Darstellung der vom Deismus kommenden Theodizee in einem Lehrgedicht, das den

---

7) P. Fussell, Theory of Prosody in Eighteenth-Cent. England, New Ldn./Con. 1954; U. Urner, A. P. und die klass.-lat. Lit., Bern 1955.

8) N. Gallen in RESt 4 (1953), 109 ff.

9) D. Knight, Pope and the Heroic Tradition, New Haven 1951.

10) Ausg. J. Sutherland, Oxf. 1943; G. Highet in MLR 36 (1941), 320 ff.; G. Sherburn in StE 24 (1944), 179 f.; A. Williams in PMLA 68 (1953), 806 ff.

11) Ausg. M. Mack, Ldn. 1950; J. Laird in RESt 20 (1944), 286 ff.; F. Medford in NQ 194 (1949), 337 f.

Autor ebenso zum Moralisten stempelte wie die als Moral Essays (1732 ff.) zusammengefaßten und seine „Rokokophilosophie" exemplifizierenden zehn Episteln über Charaktere, Materialismus, Kunst, Bau- und Gartenstile u. a. m. Den Höhepunkt der Episteldichtung erreichte Pope in einem Dutzend Imitations of Horace (1733/37), in denen er — von Horaz ausgehend — eigene Gedanken z. B. über Freunde und Feinde, Mäßigkeit, Scheinwerte, Georg II. und Korruption äußerte. Das stark hervortretende satirische Element suchte er dann in dem vollendetsten Stück klassizistischer Gesellschaftsdichtung, der Epistle to Dr Arbuthnot (1735), gegenüber seinen Feinden[12]) zu rechtfertigen.

Als Metrum brachte Pope die sich bereits in der Restaurationszeit durchsetzenden ‚heroic couplets', in deren Reimpaaren er die Zahl der betonten Silben geschickt variierte, zur Vollendung und machte sie zum vorherrschenden Versmaß des englischen Klassizismus.

2. Die Pope-Schule und Dr. Johnson

Popes Einfluß war so stark, daß keiner seiner zeitgenössischen Dichter ihm entgehen konnte. Der bedeutendste Schüler, John Gay[13]) (1685—1732), begann mit den Pastoralen Rural Sports (1713) und setzte diese Richtung in Shepherd's Week (1714) fort. Der ‚Lockenraub' (vgl. S. 123) reizte ihn zu dem Kleinepos The Fan (1714), in dem das reich gewordene Bürgertum als Hintergrund des Rokokospiels Beachtung findet. Bedeutungsvoller als seine weiteren klassizistischen Gedichte, Episteln, Eklogen und Elegien sind die ebenfalls in Reimpaaren abgefaßten Beschreibungen des Londoner Straßenlebens Trivia (1716), die — ähnlich wie The Fables (1727 u. 1738) — die Menschen mit ihren Torheiten stark satirisch zeichnen.

Von den zahlreichen kleineren Talenten der Pope-Nachahmer sind noch drei erwähnenswert: Thomas Parnell (1679—1718) wegen seiner Ode A Night-Piece on Death (gedr. 1722), die das klassizistische Vorspiel zu Grays Elegie (vgl. S. 128) bildete, Thomas Tickell (1685

12) N. Ault in RESt 17 (1941), 428 ff.; R. Halsband in PMLA 68 (1953), 237 ff.

13) W. H. Irving, John Gay, Durham/Cal. 1940.

bis 1740) wegen der Elegie On the Death of Mr. Addison (gedr. 1721) und wegen seiner populären tragischen Liebesballade Colin and Lucy (gedr. 1725), wodurch er zur Belebung der Balladendichtung beitrug, und Matthew Green (1696—1737) wegen seiner Dichtung in Achtsilblern The Spleen (1737), die als Heilmittel gegen den ‚Spleen' Heiterkeit, gesundes Gutsleben und ironische Betrachtung der Mitmenschen empfiehlt.

Vor der Jahrhundertmitte erschienen auch die ersten Gedichte[14]) von Dr. Samuel Johnson[15]) (1709—84). Als Sohn eines kleinen Buchhändlers zu Lichfield setzte er sich ohne Bindung an eine Partei durch und wurde so zum ersten freien Schriftsteller. In dem satirischen Gedicht London (1738) ahmte er Juvenal nach und sprach von der Entartung der Zeit, vom übertriebenen Luxus und von der Bedrückung der Armen. Auch seine längste und beste Dichtung The Vanity of the Human Wishes (1749) ist eine Umformung Juvenals. Mit stoischer Resignation überblickte Johnson das Schicksal bedeutender historischer Persönlichkeiten Englands und erkannte überall am Ende Enttäuschung.

3. Aufgelockerte klassizistische Dichtung

Neben diesen Dichtungen entstanden solche, die den streng klassizistischen Rahmen durchbrachen und außer dem Verstand auch das Gefühl zu Wort kommen ließen.

Unter den Miscellany Poems (1713) der Gräfin v. Winchelsea, Anne Finch (1661—1720), geben einige Gedichte Stimmungen beim Nachtigallenlied, am Abend, im Mondschein und auf dem Wasser wieder. John Dyer (1699—1757) schilderte in Grongar Hill[16]) (1726) den Blick über das Towytal und wurde dabei melancholisch. Sein spätes Gedicht The Fleece (1757) zeigt, wie weit der Sinn für die Details der Landschaft und für das Leben in ihr inzwischen geweckt worden war. Das lassen auch die didaktischen Blankversdichtungen von William Somervile (1675—1742) erkennen. The Chase (1735)

---

[14]) Ausg. d. Poems: D. Smith u. E. McAdam, Oxf. 1941; ders. in RESt 19 (1943), 44 ff.

[15]) J. W. Krutch, Samuel Johnson, N.Y. 1944; S. C. Roberts, Samuel Johnson, Ldn. 1954.

[16]) Ausg. R. C. Boys, Baltimore 1941.

berichtet ausführlich vom Jagen, Hobbinol (1740) schildert ländliche Spiele und Field Sports (1742) handelt von der Falkenjagd.

Am einflußreichsten auf die spätere Belebung des Gefühls für die Schönheiten und Größe der Natur zeigten sich The Seasons[17]) (1726/30) des aus einem schottischen Pfarrhaus stammenden James Thomson[18]) (1700—48). Mit dem Menschen im Mittelpunkt beschreibt der Dichter detailliert die vier Jahreszeiten, zieht vergleichsweise exotische Landschaften heran und gelangt in klassizistischer Art zu verallgemeinernden Betrachtungen, denen die optimistische Ansicht der Aufklärung von der harmonischen Durchdringung der göttlichen Allmacht im Universum zugrunde liegt, nur hin und wieder von melancholischen Gefühlen durchbrochen. Eingeschoben wurden in den Neuauflagen immer mehr moralisierende Abschnitte und gelehrte Reflexionen. Zeigen sich ‚Die Jahreszeiten' von Milton her beeinflußt, so ahmte Thomson in dem Kleinepos The Castle of Indolence (1748) Spenser nach, ohne allerdings auch hier wesentliche klassizistische Ziele aufzugeben. In die Traumwelt des Schlosses, zu dem der Zauberer Indolence die müden Erdenpilger lockt, die dann durch den Ritter Selvaggio befreit werden, dringen aufklärerische Belehrungen und patriotische Töne.

Eine ähnliche Zwischenstellung ist auch für Edward Youngs[19]) (1683—1765) Night Thoughts (1742/45) kennzeichnend. Diese Blankversdichtung wirkte zwar in der zweiten Hälfte des 18. Jhs. wegen ihres Schmerzes um den Verlust geliebter Frauen und wegen ihrer dunklen Stimmung im Ringen zwischen Vernunft und Glauben auf die ‚Vorromantiker', doch stand sie zur Zeit der Abfassung wegen ihrer vielen aufklärerischen Züge Pope noch sehr nahe.

Etwas weiter von ihm entfernten sich Henry Brooke (c. 1703—83) in Universal Beauty (1735) und Dr.

---

17) A. D. McKillop, The Background of Thomson's ‚Seasons', Minneapolis 1942; H. Hamilton in JELH 15 (1948), 110 ff; ders. in MLN 63 (1948), 46 ff

18) D. Grant, James Thomson, Ldn. 1951

19) E. König, Edward Young, Bern 1955

Mark Akenside (1721—70) in The Pleasures of Imagination (1744) mit ihren philosophischen Themen. Jener versuchte — wie Shaftesbury (vgl. S. 106) — Schönheit, Natur und Wahrheit harmonisch zu vereinen, und dieser deutete mit dem Gedanken der Erziehung durch die Natur auf die Romantik.

Auf der Schwelle zur folgenden Periode steht Thomas Grays[20]) (1716—71) Elegy Written in a Country Churchyard[21]) (1750), die zwar mit ihrem Motiv des Entsagens und Abschieds zur Romantik weist, jedoch in der geschliffenen Form der kreuzweise reimenden vierzeiligen Strophen nach klassizistischer Vollkommenheit strebt.

B. Die Prosa

Nachdem sich die englische Sprache im 16. Jh. für die lyrische Dichtung und durch Shakespeare für das Drama so weit geformt hatte, daß sie seitdem diesen beiden literarischen Gattungen zur Verfügung stand, bildete sich die Prosa erst durch die im Dienste der leidenschaftlichen Kämpfe des Barocks stehenden Predigten und Schriften heraus und wurde von nun an zum Hauptausdrucksmittel in der Literatur.

1. Swifts und Dr. Johnsons Prosawerke

Als Freund von Pope wollte auch der als Sohn englischer Eltern in Irland geborene Jonathan Swift[1]) (1667 bis 1745) mit seinen Prosawerken die Intellektuellen angehen. In seinen ersten beiden Satiren[2]) griff er die Kirche und das Gelehrtentum an. A Tale of a Tub[3]) (1704) erzählt die Geschichte der Brüder Peter, Jack und Martin, die den Katholizismus, das Puritanertum und die Lutheraner verkörpern sollen; durch die Dirnen Stolz, Reichtum und Ehrgeiz veranlaßt, verändert jeder nach eigener

20) R. W. Ketton-Cremer, Th. G., A Biography, Cbr. 1955.

21) Ausg. J. J. Lankes, N. Y. 1940; F. Ellis in PMLA 66 (1951), 971 ff.

1) L. Landa u. J. Tobin, J. S., A List of Critical Studies Published from 1895 to 1945, N.Y. 1945; Ausg. C. J. Horne, Ldn. 1953; J. M. Murry, J. S., A Critical Biogr., Ldn. 1954; R. Quintana, S.: An Introduction, Oxf. 1955.

2) H. Davis, The Satire of J. S., N.Y. 1947.

3) D. French in NQ 196 (1951), 473 f.; R. Elliott in PMLA 66 (1951), 441 ff. u. 69 (1954), 1250 ff.; H. Kelling in PMLA 69 (1954), 198 ff.

Art seinen vom Vater geerbten Rock. The Battle of Books [4]) (1704) schildert den Streit der Bücher zwischen den „Alten" und den „Modernen", der zugunsten der ersteren mit einem gleichzeitigen Angriff gegen das gelehrte Pedantentum entschieden wird.

In der Folgezeit stellte Swift seine Werke in den Dienst politischer und religiöser Ziele[5]). Er bekannte sich zur Hochkirche, trat jedoch in Flugschriften zunächst für die ‚Whigs' ein und wechselte 1700 zu den ‚Tories' über, für die er bis 1714 Pamphlete und Artikel verfaßte, wofür er mit dem Dekanat von St. Patrick in Dublin abgespeist wurde. Hierdurch verbittert und nach dem unglücklichen Ausgang seiner Beziehungen zu zwei Frauen[6]) vereinsamt, setzte er sich gegen die von den ‚Whigs' betriebene Irlandpolitik ein. Unter den diesbezüglichen Schriften ragen die Drapier's Letters[7]) (1724) hervor, die gegen die Einführung einer vermeintlich minderwertigen Kupfermünze in Irland gerichtet waren.

Von Dublin aus veranlaßte er auch die in London erschienenen Gulliver's Travels [8]) (1726). In der Form eines Reiseberichts[9]) erzählt der Schiffsarzt Gulliver zunächst von den Liliputanern, deren politische und religiöse Kämpfe ihm lächerlich erscheinen; ferner von den Riesen des Staates Brobdingnag, die zwar einen klaren Geist haben, aber wegen ihrer gewaltigen Körperlichkeit plump und dumm wirken; von der fliegenden Insel Laputa[10]), deren Philosophen jeden Sinn für das praktische Leben verloren haben, und schließlich von dem Lande der einseitig intellektuellen Pferde, die das degenerierte Geschlecht der menschenähnlichen Yahoos versklaven[11]). Damit wandte sich Swift gegen alle menschlichen Schwä-

4) A. Limouze in PhQ 27 (1948), 85 ff.

5) L. A. Landa, S. and the Church of Ireland, Oxf. 1954; ders. in StE 24 (1944), 239 ff.

6) Vgl. Swifts Journal to Stella (1710/13); Ausg. H. Williams, 2 Bde., Oxf. 1948.

7) Ausg. H. Davis, Bd. X, Oxf. 1941.

8) H. Williams, The Text of 'G. Tr.', Cbr 1952; A. E. Case, Four Essays on Gulliver's Travels, Princeton 1945.

9) J. Moore in JEGPh 40 (1941), 214 ff.; ders. in StPh 38 (1941), 66 ff.

10) Z. Fink in JELH 14 (1947), 151 ff.; E. Sampson in NQ 196 (1951), 474 f.

11) K. Williams in JELH 18 (1951), 275 ff.

chen, zu denen auch die Überbetonung der Vernunft gehöre, und redete dem gesunden Menschenverstand, der Güte und Freundschaft, dem Fleiß und der Anständigkeit das Wort, ohne allerdings den Glauben an den Sieg des Guten aufbringen zu können[12]). Diese Satire erlangte vor allem durch ihre ersten beiden Teile Weltruf, weil sie jedes Alter ansprechen und vielseitigen Interessen dienen können[13]).

Swifts Prosa zeichnet sich durch klare Gliederung und durch Sinn für Witz, Humor und Genauigkeit in den Einzelheiten aus. Seine Sprache ist geistvoll, einfach und ohne rhetorische Kunstmittel[14]).

Auch Dr. Johnson (vgl. S. 126) wandte sich mit seinen Prosawerken an die Oberschicht. Für Londoner Zeitschriften schrieb er Aufsätze, Kritiken und Berichte über Parlamentsdebatten, wie z. B. die Debates in the Senate of Lilliput (1738/44), und Biographien, die er später z. T. seiner Literaturgeschichte Lives of the English Poets (1779/81) einreihte. Seine Hauptleistung war aber das erste große Wörterbuch[15]). A Dictionary of the English Language[16]) (1755). In ihm verfolgte er das klassizistische Ziel, die gute Aussprache und den richtigen Wortgebrauch durch meist ausgezeichnete und manchmal witzig gehaltene Definitionen festzusetzen, wobei das Nationale unterstrichen wurde.

In dem kurzen Roman History of Rasselas[17]) (1759) kehrte Johnson noch einmal zu der in der Juvenalnachahmung von 1749 (vgl. S. 126) vertretenen Haltung von der Fruchtlosigkeit des menschlichen Strebens zurück und exemplifizierte sie an den Enttäuschungen eines Prinzen und einer Prinzessin aus Abessinien.

Auch Johnsons Prosa trägt die Hauptkennzeichen des klassizistischen Stils, wirkt aber individuell durch die

---

12) Vgl W Hübner, a a O , 199 ff.

13) R Elliott in JELH 19 (1952), 49 ff.

14) M Johnson, The Sin of Wit: J S as a Poet, N. Y. 1950; R. Quintana, The Mind and Art of J S, Ldn ²1953.

15) De Witt T Starnes u. G. Noyes, The English Dictionary from Cawdrey to Johnson, 1604—1755, Chapel Hill 1946.

16) J H Sledd u. G J Kolb, Dr J.'s Dictionary, Cbr. 1955.

17) G Tillotson in ‚Essays in Criticism and Research', Cbr. 1942, 111 ff.; G. Kolb in PMLA 66 (1951), 698 ff.

vielen Abstrakta, parallel geschalteten Sätze, mehrsilbigen Wörter sowie durch einen latinisierenden Einschlag und einen besonderen Rhythmus[18]).

2. Die moralischen Wochenschriften

Neben den Trägern des Klassizismus der englischen Oberschicht — Pope, Swift und Dr. Johnson — standen die Dichter und Schriftsteller, die es sich zur Aufgabe gesetzt hatten, das aufsteigende Bürgertum in die Aufklärungsbewegung einzubeziehen. Das geschah vor allem durch Steele und Addison.

Sir Richard Steele (1672—1729) und Joseph Addison (1672—1719), die beide aus der Mittelschicht hervorgingen, liberal gesinnt waren und zu hohen Ämtern aufstiegen, erwarben sich das Verdienst, den besonders seit der Verkündung der Pressefreiheit (1695) durch Zeitungen und Parteiblätter hochkommenden Journalismus in den Bereich der literarischen Kunst überführt zu haben. Im Jahre 1709 gründete Steele die dreimal wöchentlich erscheinende und eine Druckseite umfassende Zeitschrift The Tatler, um von der Unmoral der Restauration abzuführen und zu einfacher und wahrhafter Haltung zu erziehen, und zwar vor allem durch aufklärende Unterhaltungen lebensecht gezeichneter Menschen über alltägliche Dinge aus der bürgerlichen Welt, wofür Steele und sein Mitarbeiter Addison künstlerische Essays[19]) verwendeten.

Von 1711 bis 1722 ließen beide Dichter täglich The Spectator[20]) erscheinen, dessen 555 Nummern angeblich von einem Klub herausgebracht wurden, dem Vertreter der angeredeten Kreise angehörten. Außer Stellungnahmen zu allen möglichen Problemen, die das Bürgertum interessierten, brachten sie Erörterungen über den künstlerischen Geschmack.

Der Erfolg war so groß, daß nach Abschluß der Reihe der Wunsch nach weiteren Wochenblättern neben den von anderen inzwischen gegründeten laut wurde. Deshalb eröffnete Steele The Guardian (1713), der bald

18) W. K. Wimsatt, The Prose Style of S. J., New Haven 1941; C. Emden in RESt 25 (1949), 38 ff.

19) B. Dobrée, English Essayists, Ldn. 1947; J. Lannering, Studies in the Prose Style of Addison, Upsala 1951.

20) Ausg. G. G. Smith, 4 Bde., Ldn. 1945.

in ein politisches Blatt The Englishman und eine moralische Wochenschrift The Lover geteilt wurde, die nach 40 Nummern wieder einging. Auch der von Addison erneuerte Spectator (1714) und The Freeholder (1715) sowie Steeles The Reader (1714), Town Talk (1715/16), The Tea Table (1715/16) und Chit Chat (1716) hielten sich nicht lange, und von den vielen anderen dann folgenden Zeitschriften kleinerer Herausgeber erreichte in der ersten Hälfte des 18.Jhs. keine die Höhe des ‚Plauderers' und ‚Beobachters', deren meist einfacher, klarer Stil viele Jahrzehnte lang als Muster galt.

Aus den Bemühungen in den moralischen Wochenschriften resultierte ein neues Menschen- und Lebensideal. Aristokratisch an ihm waren die stoische Ausgeglichenheit, die gute gesellschaftliche Haltung, das Verantwortungsbewußtsein und die geistige Durchdringung des Lebens. Aus dem Bürgertum kam das Streben nach Sittenreinheit, guter Eheführung, Bildung und Nützlichkeit. Als typisch aufklärerische Momente traten der optimistische Glaube an die Weltharmonie und an die Herrschaft der Vernunft über die Leidenschaften hervor. Außer dem Höfling erhob nunmehr auch dieser Idealtyp des „aufgeklärten" und tugendhaften Bürgers Anspruch auf den Titel ‚Gentleman', wofür sich der Roman besonders einsetzte.

3. Der Roman

a) Der ‚neupuritanische' Roman

Neben den Bemühungen um die Erziehung des gebildeten Bürgertums durch Addison, Steele u. a. von gehobenen Stellungen aus standen die von puritanischen Kreisen her. Zu der seit langem bestehenden Hochschätzung des Wohlstandes (vgl. S. 68) waren bei den Puritanern durch die Aufklärung immer mehr weltliche Interessen hinzugetreten, die man nunmehr sogar zu propagieren suchte, und zwar hauptsächlich durch den Roman.

Bahnbrechend dafür war Daniel Defoe[21]) (c. 1660—1731), der Sohn eines Londoner Lichtziehers, der puritanischer

[21]) F. Watson, Daniel Defoe, Ldn. 1952; B. Dobrée in N 30 (1946), 97 ff.; A. Secord in PMLA 66 (1951), 211 ff.; D. Cecil, Poets and Storytellers, N. Y. 1949, 47 ff.; J. F. Ross, Swift and Defoe, Berkeley 1941.

Geistlicher werden sollte, sich aber für die kaufmännische Laufbahn entschied. Mit 35 Jahren begann er seine fruchtbare literarische Tätigkeit, an deren Anfang politische Gedichte — darunter das populäre True-Born Englishman (1701) — und Flugschriften — z. B. die gegen Intoleranz Andersgläubiger: Shortest Way with the Dissenters (1702) — standen.

Aus dem Wunsch, den auch Swift hatte, die praktischen Lebensbedingungen zu verbessern, gab er fortlaufend Zeitschriften heraus oder verfaßte Artikel für sie[22]). Durch die History of Charles XII. (1715) und History of Peter the Great (1722) versuchte er sich in der Geschichtsschreibung, und mit A Tour thro' The Whole Island of Great Britain (1724/27) schuf er einen dreibändigen Reiseführer, der vor allem wegen der ökonomischen Schau für die nächsten Jahrzehnte bedeutungsvoll war.

Zum größten Erfolg wurde sein im 60. Lebensjahr veröffentlichter Roman Robinson Crusoe[23]) (1719). Angeregt durch die Abenteuer Alexander Selkirks[24]), erzählte Defoe Robinsons Erlebnisse und Überlegungen im Kampf ums Dasein auf einer einsamen Insel in allen Einzelheiten so anschaulich, daß der Eindruck der Echtheit entstand. Im ganzen erscheint Robinson als Muster des auf sich selbst gestellten, optimistischen, wagemutigen, geschickten, fleißigen, sparsamen und nach Herrschaft strebenden Puritaners jener Zeit[25]).

Der Erfolg dieser ‚neupuritanischen' Utopie — in vier Monaten mußte sie viermal aufgelegt werden — reizte den Autor zu Farther Adventures of Robinson Crusoe (1719) mit einem zweiten Inselbesuch. Und nachdem Defoe das einträgliche Geschäft erkannt hatte, schrieb er in den 60er Jahren noch ein halbes Dutzend Romane, in denen stets der Einfluß der Erlebnisse auf die menschliche Entwicklung dargestellt ist.

---

22) Z. B. für Weekly Review (1704/13), News Letters (1716/18), Mercurius Politicus (1716/20), The Daily Post (1719/25), Weekly Journal (1720/26).

23) E. Benjamin in PhQ 30 (1951), 206 ff.

24) J. Robertson in ‚Chambers's Journal' X (1941), 485 ff.

25) F. Mülhaupt, Das kaufmännische und puritanische Element in den Abenteuerromanen D. D.s, Diss. Frbg. 1939.

Captain Singleton (1720) ist die Geschichte eines geraubten Jungen, der als Meuterer auf Madagaskar ausgesetzt wird, Afrika durchquert, Gold findet und vergeudet, als Seeräuber auf allen Meeren Entdeckungen macht, zu Reichtum gelangt und schließlich heiratet. Die Memoirs of a Cavalier (1720) wurden mit ihren Erlebnissen eines Offiziers in Diensten Gustav Adolfs und Karls I. zum ersten historischen Roman. Moll Flanders (1721/22) wird nach vielen Liebschaften und Diebstählen nach Virginien verbannt, beginnt hier ein bürgerliches Pflanzerleben, kommt zu Wohlstand und bereut ihre früheren Laster. Colonel Jacque (1722) ist eine gleichfalls erfundene autobiographische Bekehrungsgeschichte, und Lady Roxana (1724), die Tochter eines französischen protestantischen Flüchtlings, stirbt in Reue über ihre unglücklich geführte erste Ehe und über ihr einstiges Dirnenleben. Die Tendenz, Menschen vorzuführen, die sich nach gesellschaftswidrigem Verhalten schuldig fühlen und den Willen zur Umkehr haben, tritt immer stärker hervor.

Inzwischen hatte Defoe in A Journal of the Plague (1722) in der Form eines fingierten Tagebuchs von 1665 die Schrecken des Pestjahres eindringlich dargestellt. Am Ende seiner sehr regen dichterischen Tätigkeit stehen die beiden puritanischen Hausbücher The Compleat Tradesman (1725/27) und The Compleat English Gentleman, das unvollendet blieb und erst 1890 veröffentlicht wurde. Defoes Gentlemanideal stellt eine Verquickung der puritanischen Sittlichkeit mit praktisch-nützlichem Geist dar — also einen ‚Robinson'.

b) Der empfindsame Roman

Der zweite bedeutsame Dichter, der in der ersten Hälfte des 18. Jhs. für das Bürgertum Romane in erzieherischer Absicht schrieb, war Samuel Richardson[26] (1689 bis 1761). Er stammte ebenfalls aus einer kleinbürgerlichen puritanischen Familie Londons und brachte es als Buchdrucker zu Wohlstand. Im 50. Lebensjahre wurde er von Freunden gebeten, moralische Musterbriefe, die den Menschen die Tugenden und Laster der Zeit vor Augen

[26] F. Cordasco, S. R.: A List of Critical Studies publ. from 1896 to 1946, Brooklyn 1948.

führen sollten, zusammenzustellen. Sie kamen als Familiar Letters (1741) heraus und bildeten den Anlaß für des Verfassers ersten Roman Pamela, or Virtue Rewarded[27]) (1740), der in Briefform die Herzensnöte einer Hausangestellten erzählt, die allen Nachstellungen des Sohnes ihrer Herrschaft widersteht und ihn durch unerschütterliche Tugend bewegt, sein leichtfertiges Leben aufzugeben und sie zu heiraten.

Diese Seelenstudie entsprach — wie der Erfolg zeigte — dem bürgerlichen Geschmack, der seit den 20er Jahren nach einer Aufwertung des Gefühlsmäßigen und der bürgerlichen Frau verlangte, so sehr, daß sogleich ein zweiter Teil, Pamela's Conduct in High Life (1741), folgte, der das einfache Dienstmädchen als Schloßherrin in die Welt des Landadels versetzte.

Die Verquickung aristokratischen Gebarens mit der Haltung des puritanischen Tugendmenschen geschah dann in Richardsons siebenbändigem Werk Clarissa, or the History of a young Lady (1747/48), das durch die Briefform und den Erbauungszweck die Linie des empfindsamen Romans weiterführte. An Stelle des optimistischen Bildes Pamelas entwickelte der Dichter das tragische Geschick eines tugendhaften bürgerlichen Mädchens, das sich vertrauensvoll einem herzlosen Aristokraten ausliefert, durch ihn entehrt wird und an der Schmach zugrunde geht. Mit ihrer Bildung und ihrem graziösen Benehmen, mit der vom Verstand veranlaßten Selbstbeherrschung, mit ihrer tiefen religiös-ethischen Haltung und schließlich mit einer empfindsamen Seele stellte Clarissa das der Restaurationszeit ganz entrückte Idealbild der Frau dar.

In seinem dritten Roman, The History of Sir Charles Grandison (1753/54), konstruierte Richardson — gleichfalls in sieben Bänden — als Gegenstück zu Pamela und Clarissa einen männlichen Tugendhelden, und zwar an einem Adligen, der aristokratische Formen mit christlich-bürgerlicher Gesinnung verband. Die Handlung, die in der Hauptsache die inneren Kämpfe Grandisons bei der Wahl zwischen der bürgerlichen Harriet Byron und der italienischen Lady Clementine della Porretta zeichnet und mit seiner Vermählung mit Harriet

27) A. McKillop in PhQ 26 (1947), 285 ff.

endet, ist allzu reich an rührenden Szenen des Edelmuts und anderer Tugenden.

Richardsons literarhistorische Bedeutung lag im ganzen darin, eine Romangattung geschaffen zu haben, die im Geiste der moralischen Wochenschriften zwischen Aristokratie und Bürgertum vermittelte und das Leben in der Gemeinschaft unter Berücksichtigung des Empfindsamen neben der Ratio darstellte. Seine Hauptgestalten entsprachen einem weitverbreiteten Idealtyp in der europäischen Literatur[28].

c) Der realistische Roman

Gegen die von Richardson gezeichneten Wunschbilder mit der betonten Empfindsamkeit widersetzte sich Henry Fielding[29] (1707—54). Er unterschied sich von Defoe und Richardson durch seine adlige Herkunft, antike Bildung und akademische Laufbahn, hatte aber mit jenen einen Blick für die sozialen und politischen Gegebenheiten gemein.

Der erste, bis 1737 reichende Abschnitt seiner literarischen Tätigkeit war dem Theater gewidmet (vgl. S. 144 f.). Als dann nach Abschluß des Rechtsstudiums die politischen Interessen bei ihm in den Vordergrund traten, schrieb er für die unter seiner Leitung stehende Zeitschrift The Champion (1739/41) laufend Geschichten, durch die er den Stil seiner großen Romane vorbildete

Als Übergang zu diesen ist die Verbrecherbiographie Mr. Jonathan Wild the Great[30] (1743) anzusehen, eine doppelte Satire gegen Walpole und gegen die törichten Scheidungen in groß und klein, Ausbeuter und Unterdrückte, Eroberer und Unterworfene, mit der Moral, daß es in einem sittlich hochstehenden Staat auf das richtige Verhältnis von Rechten und Pflichten ankäme.

Durch Richardsons Pamela-Wunschbild fühlte sich Fielding so gereizt, daß er zunächst mit der Posse

---

[28] S. B. Liljegren, The English Sources of Goethe's Gretchen Tragedy, Lund 1937

[29] E. Jenkins, Henry Fielding, Ldn 1947; F Cordasco, H. F.; A List of Crit. Stud. publ. fr. 1895 to 1946, Brooklyn 1948; W Iser, Die Weltanschauung H F.s, Tübg. 1952; E. Pracht in ZA 3 (1955), 152 ff.

[30] W. R. Irwin, The Making of Jonathan Wild, N. Y 1941; Ausg. Ch. Clark, Ithaca 1943

[31] Ausg. S. W Baker, Berkeley 1953

S h a m e l a[31]) (1741) gegen die unwahre Tugendhaftigkeit reagierte, dann aber ein Jahr später seinen ersten Roman J o s e p h A n d r e w s (1742) herausbrachte. Auch hier konnte er sich nicht ganz von der Parodie lösen. Doch tritt sie zurück gegenüber der breiten Darstellung natürlicher Gestalten, die Joseph auf der Reise zu seiner Geliebten trifft. Aus der Fülle der gut gezeichneten Charaktere ragen zwei Pfarrer heraus: der gelehrte, schlecht bezahlte und völlig weltfremde Adams und sein Kollege Trulliber, der sich ausgiebig der Schweinezucht widmet. Gegenüber den als wahr vorgegebenen Ich-Berichten Defoes und den als echt vorgetäuschten Briefen Richardsons wollte Fielding als „Historiker des Privatlebens" an einzelnen realistisch gezeichneten Menschen das für die damalige Entwicklung der bürgerlichen Gesellschaft Typische herausstellen.

Das gleiche Verfahren führte er in T o m J o n e s, a F o u n d l i n g[32]) (1749) zur Meisterschaft. Tom Jones, eins der vielen ausgesetzten Kinder, die zu einem sozialen Problem geworden waren, entwickelte sich von einem leichtsinnigen Jungen zu einem verantwortungsbewußten Glied der Gesellschaft. Wie Tom, so sind auch die übrigen Gestalten keine komplizierten Konstruktionen, sondern lebensechte Menschen, die durch eine lange Kette von Abenteuern zum guten Ende geführt werden. Im ganzen entstand aus den geschickt verwobenen Details und Episoden ein buntes Bild des damaligen Englands, in dem überall irrende Menschen mit gutem Kern leben, denen man mit Toleranz und Herzensgüte begegnen müsse.

Fieldings dritter, mit Spannung erwarteter Roman A m e l i a (1751) enttäuschte wegen der geringeren Sorgfalt und Weite. Thema ist die Geschichte eines sentimentalen, liebenswürdigen Gatten, der aus Charakterschwäche der leichtfertigen Miß Matthews verfällt, schließlich aber wieder zu seiner gütigen Frau zurückfindet. Breiter Raum wird daneben den Anklagen gegen die Mängel der Gesetzgebung, der Rechtsprechung, des Gefängniswesens und anderer öffentlicher Einrichtungen zugestanden.

Auch in diesem letzten großen Werk lassen sich des Verfassers Verdienste um die Romanschreibung deutlich erkennen: waren die Gestalten bei Richardson Engel oder

32) H Schumann in ZA 1 (1953), 42 ff

Schurken, so sind sie nunmehr Menschen mit Fehlern und Schwächen, an denen sie oft straucheln, aber auch mit positiven Seiten, gesundem ‚common sense' und natürlichen Instinkten, die sie schließlich wieder den Weg zum Guten zurückfinden lassen, ohne sich aufopfern zu müssen. Durch diese Schau wurde Fielding zum Vater des modernen englischen Romans, der sich aber erst im 19. Jh. zur höchsten Blüte entfalten konnte, nachdem das Moralisierende und Empfindsame überwunden war.

Daran half Tobias Smollet[33]) (1721—71) durch seinen derben Realismus mit. Den Stoff für seine ersten beiden Romane lieferten ihm eigene Erfahrungen. Infolgedessen stellen The Adventures of Roderick Random (1748) in vielen Teilen eine Autobiographie dar. Wie der Autor, so kam auch Roderick als Mediziner von Schottland nach London, lebte hier in Armut, machte als Schiffsarzt eine Expedition nach Westindien mit, beteiligte sich an militärischen Abenteuern auf dem Kontinent und warb vergeblich um eine reiche Frau in Bath. Im Gegensatz zum Dichter hatte Roderick dann das Glück, seinen wohlhabenden Vater zu entdecken, Narcissa zu heiraten und das Familiengut in Schottland zurückzukaufen. Die Ereignisse werden in rascher Folge aneinandergereiht. Besonders eindrucksvoll wirken die aufregenden Geschehnisse des Seemannslebens, die englischen Lesern hier zum ersten Male unterbreitet wurden. Die Darstellung der Menschen ist uneinheitlich. Vielfach sind die Charaktere verzerrt oder wirken als Karikaturen.

Weitere Erlebnisse des Glücksritters Roderick werden unter anderem Namen in The Adventures of Peregrine Pickle[34]) (1751) berichtet. Unbekümmert, draufgängerisch und egoistisch geht der Titelheld seinen Weg und begegnet wiederum vielen exzentrischen Menschen, die ihre Verschrobenheiten als englische Individualisten bewußt zur Schau tragen, voran die Seeleute, besonders der Commodore Trunnion, bei dem es zu Hause wie an Bord eines Schlachtschiffes zugeht.

33) F. Cordasco, Smollet Criticism, A Bibliography, Brooklyn 1948; G. M. Kahrl, T. S.: Traveler-Novelist, Chicago 1945; F. W. Boege, Smollet's Reputation as a Novelist, Princeton 1947; L. M. Knapp, Tobias Smollet, Princeton 1949.

34) R. Putney in PMLA 60 (1945), 1051 ff.

Nachdem Smollet seine eigenen Erfahrungen ausgeschöpft hatte, machte er sich an Erdichtungen. The Adventures of Ferdinand, Count Fathom (1753) werden nach Defoes und Fieldings Vorbild zu einem Verbrecherroman, in dem des Autors Pessimismus besonders deutlich an der Darstellung der Menschen im Gefängnis hervortritt. Durch einige Szenen kommt er dem späteren Schauerroman zuvor.

Nach vielseitiger Schriftstellertätigkeit als Herausgeber der Critical Review (1756) und als Verfasser populärwissenschaftlicher Werke — z. B. The History of England (1757) — kehrte Smollet am Ende der klassizistischen Periode mit The Adventures of Sir Launcelot Graeves (1760/61), in denen er versuchte, den Don Quichote-Typ ins 18. Jh. zu verpflanzen, zum Roman zurück, ohne Neues zu bieten. Sein Alterswerk The Expedition of Humphrey Clinker[35]) (1771) gehört geistesgeschichtlich in den folgenden Zeitabschnitt, in dem der Roman nach den bahnbrechenden Leistungen Defoes, Richardsons, Fieldings und Smollets weiterentwickelt wurde.

C. Das Drama

Das Drama der ersten Hälfte des 18. Jhs. spielte im Vergleich zu den Essays und Romanen nur eine untergeordnete Rolle. Während noch zur Restaurationszeit die größten Dichter auch führende Dramatiker waren, schrieben die Hauptrepräsentanten der klassizistischen Epoche nur gelegentlich für das Theater. Dagegen traten jetzt Autoren auf, die für die Augenblicksbedürfnisse meistens mittelmäßige oder schlechte Bühnentexte lieferten.

Obgleich die Bevölkerung Londons ständig wuchs, hatten zwei Theater noch lange Zeit hindurch Existenzschwierigkeiten. Neben der in der Drury Lane spielenden Schauspielertruppe (vgl. S. 115) trat 1695 eine zweite in Lincoln's Inn Field und ab 1705 am Haymarket auf, doch sah sie sich bereits 1709 zur Vereinigung mit jener genötigt. Erst 1714 wurde das renovierte ‚Theatre Royal' im Lincoln's Inn Field wieder eröffnet. Vom zweiten Jahrzehnt ab traten zu den beiden privilegierten Schauspieler-

---

35) L. L. Martz, The Later Career of T. S., New Haven 1942.

truppen solche, die nur pantomimische und musikalische Stücke bringen durften, hin und wieder allerdings auch andere aufzuführen suchten, wodurch vor allem ‚The Little New Theatre in the Haymarket' bedeutungsvoll wurde. Doch setzte die ‚Licensing Act' von 1737 erneut die Zahl der Theater für das Sprechdrama auf zwei fest.

Die Anlage der Bühne blieb bis über die Mitte des 18. Jhs. die gleiche wie während der Restauration. Auch die Ausstattung geschah in traditioneller Weise und erreichte ihre prunkhafteste Entfaltung in der Oper am Haymarket. Hier gelangten von 1711 ab Händels Werke zur Aufführung, denen gegenüber die anderen für die Hofkreise komponierten Opern[1]) weniger Erfolg hatten und literarisch bedeutungslos blieben (vgl. S. 116).

Für die Schauspieler brachte die erste Hälfte des 18. Jhs. zwei wesentliche Änderungen: an die Stelle der genossenschaftlichen Theaterleitung, wie sie sich zur Zeit Shakespeares herausgebildet hatte (vgl. S. 62), trat seit dem zweiten Jahrzehnt der von der führenden politischen Partei eingesetzte Direktor, und in der Darstellungskunst entwickelte sich eine individuelle Art, die von 1741 ab durch David Garrick (1717—79) mit seiner Ungezwungenheit revolutionierend wirkte.

Als Theaterbesucher erschienen außer den Aristokraten immer weitere Kreise des Bürgertums. Neben den Stücken, die entweder für die eine oder für die andere Gesellschaftsschicht bestimmt waren, entstanden fortlaufend solche, die sich — wie es auch in den Wochenschriften und in einem Teil der Romane geschah — um die Gunst beider bemühten, was häufig zu Tumulten im Zuschauerraum führte.

1. Die Tragödien

a) Die klassizistische Tragödie

Wie zum Repertoire des Restaurationstheaters, so gehörte auch zu dem des klassizistischen Zeitalters eine ganze Reihe der elisabethanischen Tragödien, allerdings in „überarbeiteter" Form und in anderer Sprache[2]). Eine besondere Pflege erfuhr Shakespeare in den 30er Jahren durch eine Gruppe von Damen (‚Shakespeare's Ladies') und später durch den gerade erwähnten Schauspieler

[1]) A. Loewenberg, Annals of Opera, Cbr. 1943.
[2]) M. E. Prior, The Language of Tragedy, N. Y. 1947.

Garrick. Auch manche Restaurationstragödie lebte weiter oder regte Colley Cibber (1671—1757) zu *Xerxes* (1699), John Dennis'[3]) (1657—1734) zu *Rinaldo and Armida* (1699), Charles Gildon (1665—1724) zu *Love's Victim* (1701) und Alexander Fyfe († c. 1730) zu *The Royal Martyr* (1705) an. Dann aber versuchte man, den Mustern des französischen Klassizismus zu folgen. Dadurch, daß die Aufklärung bestrebt war, alle Aufmerksamkeit dem irdischen Dasein zuzuwenden, schwand jedoch die eigentliche Basis der Tragödie, die in der Darstellung des metaphysischen Verhältnisses der Helden zu Gott oder dem Schicksal liegt. Das tragische Geschehen wurde in die Einzelpersönlichkeit und in die Erbschuld der Menschheit verlagert. Der Held litt und zerbrach nunmehr an der durch die Gesellschaft erzeugten Intrige.

Den entscheidenden Schritt dazu tat Ambrose Philips (1675—1749) mit *The Distrest Mother* (1712), einer vergröbernden Übersetzung von Racines ‚Andromaque', und Addison (vgl. S. 131 f.) gelang es durch seinen *Cato*[4]) (1713), der klassizistischen Richtung mit ihrer Beachtung der Einheiten und Betonung des Verstandesmäßigen zum Erfolg zu führen. Die geringe Handlung spielt sich hinter der Bühne ab. Die Hauptpersonen bewegen sich würdevoll auf demselben Platz, erörtern ihre Pläne und Ideale in wohlgesetzten Reden und entscheiden sich entweder aus Pflichtgefühl für Freiheit und Vaterland oder aus Berechnung für Intrigen.

Diesem Muster blieben andere Dramatiker verpflichtet, auch wenn sie ihre Stoffe aus dem Orient oder aus der englischen Geschichte nahmen, was schon die Titel von Youngs (vgl. S. 127) *Busiris* (1719), John Hughes († 1720) *The Siege of Damascus* (1720) oder David Mallets († 1765) *Eurydice* (1731) andeuten. Weder erlangten sie noch Dr. Johnson (vgl. S. 130), der so Vorbildliches über Addison zu sagen wußte, mit seiner *Irene* (1749) einen ähnlichen Erfolg. Dagegen erhob sich noch Thomson (vgl. S. 127) mit *Sophonisba* (1730), *Agamemnon* (1738), *Edward and Eleonora*

---

3) Ausg. E. N. Hooker, Ldn. 1939 ff.

4) F. Noack, *Die bürgerlichen Züge in A.'s ‚Cato'*, Diss. Bln. 1940; S. Atkin in PhQ 21 (1942), 430 ff.

(gedr. 1739), Tancred and Sigismunda (1745) und Coriolanus (1749) zum bedeutsamen Verfasser streng klassizistischer Tragödien.

Besser als diese, die für die intellektuelle Oberschicht bestimmt waren, gedieh eine Mischform, die das Gefühlsmäßige und z. T. Rührselige berücksichtigte und — wie die durch das Gefühl aufgelockerte Versdichtung (vgl. S. 126 ff.) — weitere Kreise ansprach. Diesen Kurs hatte bereits gegen Ende des 17. Jhs. Banks (vgl. S. 118) vorgedeutet und Thomas Southerne (1660—1746) mit den beiden Tragikomödien The Fatal Marriage (1694) und Oroonoko (1696) eingeschlagen. Der bewußte Appell an das Mitgefühl erfolgte dann durch Nicholas Rowe (1674 bis 1718) in The Ambitious Stepmother (1700) und verdeutlichte sich zusehends. Zu den meistgespielten seiner sieben Tragödien zählte Tamerlane[5]) (1701), The Fair Penitent (1703), wo Calista aus Reue über einen Fehltritt stirbt, The Tragedy of Jane Shore (1714), die sich an Shakespeares ‚Richard III.' anlehnt und Szenen der Rührung in die schrecklichen Handlungen flicht, und The Tragedy of Lady Jane Grey (1715).

Diesen sehr wirksamen Beispielen folgten u. a. Philips (vgl. S. 141) mit The Briton (1722) und Humphrey, Duke of Gloucester (1723), Aaron Hill (1685 bis 1750) mit Elfrid (1710), der Umarbeitung davon Athelwold (1731) und King Henry the Fifth (1723) sowie Elijah Fenton (1683—1730) mit Mariamne (1723). Nach dem ersten Drittel des 18. Jhs. fanden sich für diese Gattung nur vereinzelte Autoren, wie z. B. der gebürtige Ire Henry Brooke (c. 1703—83) mit The Earl of Essex (1750) und der schon stark zur Romantik neigende John Home (1722—1808) mit Douglas (1756) und The Siege of Aquileia (1760).

b) Das bürgerliche Trauerspiel

Während diese Mischform schwand, kam in den 30er Jahren eine Tragödienart auf, die sich von den fürstlichen Helden abwandte und die Handlung in die bürgerliche Welt verlegte. Den ersten größeren Erfolg in dieser

5) W. Thorp in JEGPh 39 (1940), 124 ff.

an das elisabethanische bürgerliche Trauerspiel anknüpfenden Gattung (vgl. S. 59 f.) erlangte der aus puritanischen Kreisen stammende George Lillo[6]) (1693—1739) mit The London Merchant, or The History of George Barnwell[7]) (1731). Hier erscheint als Hauptfigur ein braver Lehrjunge, der einer Dirne verfällt, auf ihr Betreiben seinen Dienstherrn bestiehlt und seinen Onkel ermordet. Von dem Bestohlenen, der heimlich Liebenden und einem Freunde beweint, geht der reuige Büßer, der so verstandeswidrig handelte, der gerechten Strafe entgegen. Weniger rührselig war Lillos zweites bürgerliches Trauerspiel Fatal Curiosity (1736), das in Blankversen das tragische Schicksal eines totgeglaubten Sohnes behandelt, der zu seinen verarmten Eltern unerkannt zurückkehrt und von ihnen um eines Juwelenkästchens willen im Schlaf ermordet wird.

Zu nennen sind ferner Charles Johnsons[8]) († 1748) Caelia, or the Perjured Lover (1732), wo das Clarissathema vorweggenommen ist (vgl. S. 135), John Hewitts († c. 1750) Fatal Falsehood (1734), Thomas Cookes († 1756) The Mournful Nuptials (1739) und Edward Moores († 1757) The Gamester (1753), das mit der eindrucksvollen Darstellung eines in den Tod getriebenen Glücksspielers noch einmal einen Höhepunkt erreichte. Diese bürgerliche Tragödie verfiel in England schnell wieder, während sie in Deutschland und Frankreich in der zweiten Hälfte des 18 Jhs. aufblühte.

2. Die Komödien

Dem durch Verstand und Witz beherrschten und von der bürgerlichen Seite her dem Sentimentalen zuneigenden klassizistischen Zeitalter entsprach die Komödie in ihren verschiedenen Arten mehr als die Tragödie.

a) Die ‚Comedy of Manners'

Obwohl sich das Bürgertum bereits während der Restaurationsperiode immer stärker gegen die frivolen Handlungen und obszönen Gespräche in den Komödien

6) G. Lossack, G. L. und seine Bedeutung f. d. Gesch. d. engl. Dramas, Diss. Göttg. 1939; D. Pallette in PhQ 19 (1940), 261 ff.

7) G. Rodman in JELH 12 (1945), 45 ff.; R. Havens in JELH 12 (1945), 183 ff.

8) M. Shudofsky in JELH 10 (1943), 131 ff.

gewandt hatte — was dann in Jeremy Colliers (1650 bis 1726) Flugschrift A Short View of the Immorality and Profaneness of the English Stage (1698) beredten Ausdruck fand —, fristete die durch Congreve[9]) auf den Höhepunkt gebrachte ‚Comedy of Manners' (vgl. S. 120) noch bis über die Jahrhundertwende ein bescheidenes Dasein. Allerdings waren die Vorwürfe nicht ungehört geblieben. So bezog z. B. Sir John Vanbrugh (1664—1726) in seine beiden ersten Gesellschaftskomödien Elemente bürgerlicher Moral ein. In The Relapse: or, Virtue in Danger (1696) kann der Gatte nicht einfach nach Ablegung seiner Schwächen als geläuterter Held erstehen, sondern bleibt — wie auch in The Provok'd Wife (1697) — verurteilenswert.

Ebenso machte der Ire George Farquhar[10]) (1677—1707) Zugeständnisse an das Bürgertum. Die Liebhaber sind nicht mehr so oberflächlich, sich über alle Moral hinwegzusetzen, und neben das Zynische tritt Sentimentales. Auch wechselte gelegentlich der Ort der Handlung von London aufs Land. Wegen der lebendigen Handlungen und der guten Laune wurden drei seiner sieben Stücke besonders geschätzt: The Constant Couple (1699), The Recruiting Officer (1706) mit der seit Otway (vgl. S. 118) bekannten Gestalt des verabschiedeten Offiziers, und The Beaux Stratagem (1707).

Fieldings[11]) (vgl. S. 136 ff.) Verdienst war es dann, durch seine fruchtbare Tätigkeit im ‚Little Theatre' (vgl. S. 140) die Restaurationskomödie zu überwinden. Zwar führt auch er ausschweifende Lords, affektierte Gecken, lasterhafte Ehemänner, leichtsinnige Frauen und dergleichen vor, doch werden diese konventionellen Typen nicht mehr verharmlost oder gar entschuldigt, sondern bloßgestellt und verächtlich gemacht, während der ‚common sense', schlichte Natürlichkeit, Aufrichtigkeit und andere Tugenden sowie echte Gefühlsregungen erstrebenswert erscheinen und der Wunsch nach sozialen Reformen aufkommt. In dieser Absicht verfaßte Fielding u. a. Love in Seve-

[9]) E. L. Avery, C.'s Plays on the Eighteenth - Cent. Stage, N.Y. 1951.
[10]) W. Connely, Young George Farquhar, Ldn. 1949.
[11]) E. Weide, H. F.s Komödien und die Restaurationskomödie, Hbg. 1947.

ral Masques (1727), The Temple Beau (1729), The Modern Husband (1731), The Universal Gallant (1734) und The Wedding Day (1742), die alle witzige Dialoge und lebensechte Charakterzeichnungen aufweisen und Teilprobleme seiner Romane vorwegnehmen.

b) Das empfindsame Lustspiel

Schneller als der Gefühlseinbruch die Tragödie zum bürgerlichen Trauerspiel führte (vgl. S. 142 f.), entwickelte sich durch die Überbetonung der Gemütsmomente aus der Gesellschaftskomödie das bürgerliche empfindsame Lustspiel, in dem an die Stelle der amoralischen Gestalten der sich bekehrende Held oder die sich bewährende Frau trat.

In dieser Richtung bewegte sich bereits Cibber (vgl. S. 141), der in seinen ersten Stücken Love's Last Shift (1696) und The Careless Husband (1704) dem volkstümlichen Geschmack wenigstens schon durch moralische Schlüsse nachkam. Der eigentliche Begründer des empfindsamen Lustspiels wurde dann Steele (vgl. S. 131 f.), dem es tiefstes Bedürfnis war, die in den Wochenschriften vertretenen Grundsätze auf der Bühne zu demonstrieren. The Lying Lover (1703) sollte Schlichtheit, Gutmütigkeit, Freundschaft und Ehre als wahre Tugenden aufzeigen. The Tender Husband (1705) propagierte häusliches Glück, Treue und Güte. Am deutlichsten tritt das Wesen der sentimentalen Komödie in The Conscious Lovers (1722) hervor: der Held ohne Schwächen beugt sich der Vernunft vor der Leidenschaft, ist empfindsam, mitleidend, tolerant zu seinen Mitmenschen und Gegner des Duellierens. Seine Liebe zu Indiana ist ihm Herzensangelegenheit, doch muß er sie für kurze Zeit zurückstellen, um seinem Vater aus Achtung gehorchen zu wollen.

Inzwischen hatten sich zahlreiche Dramatiker um diese Gattung bemüht, wobei es zu häufigen Durchkreuzungen mit den Gesellschafts- und Intrigenkomödien kam. Auch nach Steeles letztem und bestem Stück (1722) riß die Kette bis ins späte 18. Jh. hinein nicht ab.

3. Pantomimen, Singspiele und Farcen

Eine starke Belebung erfuhr das dramatische Gestalten durch die nicht für das Sprechdrama offiziell zugelassenen

Theater (vgl. S. 140), deren Direktoren es gelang, gewisse Kreise durch Einlagen von Varieté-Attraktionen, Gesängen, Tanzszenen, Farcen oder Pantomimen anzulocken. Bahnbrechend waren der Ballettmeister John Weaver († 1760) und der Schauspieler John Rich († 1761). Unter Titeln wie The Loves of Mars and Venus (1717), The Jealous Doctors (1717), Orpheus and Eurydice (1718), Jupiter and Europe (1721) und Daphne and Apollo (1726) erfanden sie unter Verwendung von Rezitativen, Liedern und Dialogen immer Verblüffenderes für die mythologisch-romantischen Handlungen und auch für die dann folgenden pantomimischen Harlekinaden.

Diese Art der Unterhaltung bewahrte ihre Popularität während des ganzen Jahrhunderts und regte zu anderen programmfüllenden Veranstaltungen an. Vor allem entwickelten sich aus den im Anschluß an ernste Stücke gebotenen kurzen ‚afterpieces' Singspiele (‚ballad-operas') und Possen.

Am Anfang dieser Entwicklung stand die Farce Three Hours after Marriage (1717) von Pope, Gay und Dr. Arbuthnot, die aber abgelehnt wurde. Zu einem Höhepunkt gelangte Gay (vgl. S. 125) in The Beggar's Opera (1728), einem aus Liedern und Prosa bestehenden Singspiel, in dem alles Unechte und Hohle parodiert wird und wo moderne Robin Hood-Typen aufzeigen, wie falsch es ist, die Menschen nach Rang und Stand zu beurteilen. Die Lebendigkeit und Unverfrorenheit gefiel so, daß 63 Aufführungen nötig waren und das Verlangen nach weiteren ‚ballad operas' entstand. Deshalb verfaßte Gay selbst die Fortsetzung Polly (1729), und in ähnlicher Weise versuchten sich Cibber (vgl. S. 141) mit Damon and Phillida (1731), Fielding mit The Welsh Opera (1731) und Henry Carey (c. 1687—1743) mit The Dragon of Wantley (1737). Durch das Eindringen sentimentaler Züge verfiel die Mode der Singspiele Ende der 30er Jahre.

Dagegen blühten gerade dann die Farcen auf, deren Hauptziel es war, alles Empfindsame zu vermeiden, Kritik an den Absurditäten der verschiedenen dramatischen Richtungen — hauptsächlich an der Oper — zu üben oder in der Maske des Clowns derbe Wahrheiten zu gewissen Zeiterscheinungen zu sagen, wodurch Lachen erzeugt werden sollte. Als Verfasser der durchweg technisch gut konstruierten Stücke zeichneten häufig Schauspieler. Die unübersehbare Reihe solcher Possen, von denen nur wenige künstlerischen Wert haben, begann mit Susannah Centlivres († 1723) The Busy Body (1709), ging zu Fieldings Verspottung des heroischen Dramas in The Tragedy of Tragedies (1730), führte zu größten Erfolgen bei Garrick (vgl. S. 140) mit The Lying Valet (1742) und Miss in Her Teens (1747), bei Samuel Foote († 1777) mit The Englishman in Paris (1753) und The Author (1757), bei Arthur Murphy[12] († 1805) mit Apprentice (1756) und The Way to Keep Him (1760) und erstreckte sich bis weit in die zweite Hälfte des 18. Jhs. hinein.

Der schon während der Restaurationsperiode hier und dort unternommene Versuch, die Welt und das Leben allein von der Ratio her zu begreifen und zu gestalten, wurde in der ersten Hälfte des 18. Jhs. von einigen Dichtern intensiv gefördert. Ihre Werke stellen künstlerische Hochwerte dar, die sowohl das gesamte Schrifttum jener Epoche maßgeblich beeinflußten, als auch danach in einzelnen Zügen bis heute wirksam blieben.

Während das Lyrische nicht gedeihen konnte, wurde in der Versdichtung in vollendeten ‚heroic couplets' die optimistische Überzeugung ausgedrückt, daß es möglich sei, durch den Verstand zu den „natürlichen" — d. h. gesetzmäßig festgelegten — Quellen der Religion und Moral sowie des Rechts und staatlichen Lebens zurückzugehen und das Dasein zu verbessern, wobei reine Gedankenspielereien nicht selten waren.

Im Drama fand der strenge Klassizismus seinen Niederschlag in ein paar Tragödien. Auch ihr Widerhall blieb im allgemeinen gering, wofür das durch das rationale Weltbild bedingte Schwinden der Erkenntnis des wirklich Tragischen ein wesentlicher Faktor war.

[12]) H. H. Dunbar, The Dramatic Career of A. M., N. Y. 1946; J. P. Emery, A. M.: An Eminent Engl. Dramatist, Philadelphia 1946.

Die klassizistische, für die Intellektuellen bestimmte Prosa erschien meistens in der Form der Satire und ging bei Swift merkwürdigerweise schon so weit, vor Überspitzung der Vernunft zu warnen.

Der Mangel, den der Verstand hier aufdeckte, war bereits vorher selbst in den Reihen der Klassizisten zu verringern versucht worden durch Einbeziehung von Stimmungen in die Versdichtung und von Gefühlsmäßigem in die Tragödien, wodurch weitere Kreise angesprochen wurden.

Die interessanteste geistesgeschichtliche Erscheinung des Aufklärungszeitalters liegt jedoch darin, daß die kurzfristige Überbetonung des Verstandes gerade das Gefühlsmoment herauslockte, das im schärfsten Gegensatz zu jenem stand, nämlich das Sentimentale. Dies führte zu einer Reihe von Gedichten, die Melancholie und Grabesstimmung ausdrückten, setzte sich in den empfindsamen Trauer- und Lustspielen allmählich trotz aller Gegenbemühungen durch und spielte im Roman zunächst die beherrschende Rolle. Das Rührselige neben all den rationalen Bemühungen entsprach dem Bürgertum, das von oben her durch die Wochenschriften, von puritanischer Seite durch den Roman immer mehr in die Aufklärungsbewegung hineingezogen und zu einem neuen Gentlemanideal herangebildet wurde, für das die Verschmelzung aristokratischer und bürgerlicher Elemente charakteristisch ist.

Im Hinblick auf die literarischen Medien erweist sich die Aufklärungszeit für die Ausbildung der Prosa als entscheidend. Sie findet mannigfache Verwendung und Ausgestaltung in den Satiren Swifts, den Werken Dr. Johnsons, den Essays Addisons und Steeles, den zahlreichen Artikeln der aufkommenden Presse, besonders aber in den vielseitigen Romanen, die sich als bestes Mittel erwiesen, den Menschen so vollständig wie möglich darzustellen, was zum ersten Anliegen jener Zeit gehörte, die sich in einem entscheidenden soziologischen Umbruch befand, dessen Folgen — auch in der Sprache[13]) — von der zweiten Hälfte des 18. Jhs. ab immer sichtbarer zu werden begannen.

---

[13]) W. Horn u. M. Lehnert, a. a. O., 1290.

Sachverzeichnis

Die Substantive stehen meistens auch für die entsprechenden Adjektive (Allegorie f allegorisch); ~ bedeutet die Zahlen verweisen auch auf Zusammensetzungen (Ideal~ = Ideal, Idealgestalt, Idealmensch etc.)

Namenverzeichnis

SAMMLUNG GÖSCHEN

GESAMTVERZEICHNIS

Jeder Band DM 3,60 · Doppelband DM 5,80
Dreifachband DM 7,80

Frühjahr 1966

WALTER DE GRUYTER & CO · BERLIN 30

Inhaltsübersicht

Geisteswissenschaften

Philosophie

Einführung in die Philosophie von *H. Leisegang †*. 5. Auflage. 146 Seiten. 1963. (281)

Hauptprobleme der Philosophie von *G. Simmel †*. 8., unveränderte Auflage. 177 Seiten. 1964. (500)

Geschichte der Philosophie

I: Die griechische Philosophie von *W. Capelle*. 1. Teil. Von Thales bis Leukippos. 3., erweiterte Auflage. Etwa 135 Seiten. 1966. (857)

II: Die griechische Philosophie von *W. Capelle*. 2. Teil. Von der Sophistik bis zum Tode Platons. 3., stark erweiterte Auflage. Etwa 144 Seiten. 1966. In Vorbereitung (858)

III: Die griechische Philosophie von *W. Capelle*. 3. Teil. Vom Tode Platons bis zur Alten Stoa 2., stark erweiterte Auflage. 132 Seiten. 1954. (859)

IV: Die griechische Philosophie von *W. Capelle*. 4. Teil. Von der Alten Stoa bis zum Eklektizismus im 1. Jh. v. Chr. 2., stark erweiterte Auflage. 132 Seiten 1954. (863)

V: Die Philosophie des Mittelalters von *J. Koch*. In Vorbereitung. (826)

VI: Von der Renaissance bis Kant von *K. Schilling*. 234 Seiten. 1954. (394/394a)

VII: Immanuel Kant von *G. Lehmann*. In Vorbereitung. (536)

VIII: Die Philosophie des 19. Jahrhunderts von *G. Lehmann*. 1. Teil. 15 Seiten. 1953. (571)

IX: Die Philosophie des 19. Jahrhunderts von *G. Lehmann*. 2. Teil. 168 Seiten. 1953. (709)

X: Die Philosophie im ersten Drittel des 20. Jahrhunderts 1. Teil von *G. Lehmann*. 128 Seiten. 1957. (845)

XI: Die Philosophie im ersten Drittel des 20. Jahrhunderts 2. Teil von *G. Lehmann*. 114 Seiten. 1960. (850)

Die geistige Situation der Zeit (1931) von *K. Jaspers*. 6. Abdruck der im Sommer 1932 bearbeiteten 5. Auflage. 211 Seiten. 1965. (1000)

Erkenntnistheorie von *G. Kropp*.

1. Teil: Allgemeine Grundlegung. 143 Seiten. 1950. (807)

Formale Logik von *P. Lorenzen*. 3., verbesserte Auflage. Etwa 165 Seiten. 1966. (1176/1176a)

Philosophisches Wörterbuch von *M. Apel †*. 5., völlig neu bearbeitete Auflage von *P. Ludz*. 315 Seiten. 1958. (1031/1031a)

Philosophische Anthropologie. Menschliche Selbstdeutung in Geschichte und Gegenwart von *M. Landmann*. 2., durchgesehene Auflage. 223 Seiten. 1964. (156/156a)

Pädagogik, Psychologie, Soziologie

Geschichte der Pädagogik von *Herm. Weimer* 17. Auflage von *Heinz Weimer*. 184 Seiten. 1966. (145/145a)

Therapeutische Psychologie. Ihr Weg durch die Psychoanalyse von *W. M. Kranefeldt*. Mit einer Einführung von *C. G. Jung*. 3. Auflage. 152 Seiten. 1956. (1034)

Allgemeine Psychologie von *Th. Erismann* †. 4 Bände.
I: Grundprobleme. 3. Auflage. 146 Seiten. 1965. (831)
II: Grundarten des psychischen Geschehens. 2., neubearbeitete Auflage. 248 Seiten. 1959. (832/832a)
III: Experimentelle Psychologie und ihre Grundlagen. 1. Teil. 2., neubearbeitete Auflage. 112 Seiten, 7 Abbildungen. 1962. (833)
IV: Experimentelle Psychologie und ihre Grundlagen. 2. Teil. 2., neubearbeitete Auflage. 199 Seiten, 20 Abbildungen. 1962. (834/834a)

Soziologie. Geschichte und Hauptprobleme von *L. von Wiese*. 7. Auflage. 176 Seiten. 1964. (101)

Ideengeschichte der sozialen Bewegung des 19. und 20. Jh. von *W. Hofmann*. 243 Seiten. 1962. (1205/1205a)

Sozialpsychologie von *P. R. Hofstätter*. 2. Auflage. 191 Seiten, 18 Abbildungen. 1964. (104/104a)

Psychologie des Berufs- und Wirtschaftslebens von *W. Moede* †. 190 Seiten, 48 Abbildungen. 1958. (851/851a)

Industrie- und Betriebssoziologie von *R. Dahrendorf*. 3. Auflage. 142 Seiten. 3 Figuren. 1965. (103)

Wirtschaftssoziologie von *F. Fürstenberg*. 122 Seiten. 1961. (1193)

Einführung in die Sozialethik von *H.-D. Wendland*. 144 S. 1963. (1203)

Religion

Jesus von *M. Dibelius* †. 3. Auflage, mit einem Nachtrag von *W. G. Kümmel*. 140 Seiten. 1960. (1130)

Paulus von *M. Dibelius* †. Nach dem Tode des Verfassers herausgegeben und zu Ende geführt von *W. G. Kümmel*. 3., durchgesehene Auflage. 156 Seiten. 1964. (1160)

Luther von *F Lau* 2., verbesserte und erweiterte Auflage. Etwa 170 Seiten. 1966. (1187)

Melanchthon von *R. Stupperich*. 139 Seiten. 1960. (1190)

Zwingli von *F. Schmidt-Clausing*. 119 Seiten. 1965. (1219)

Sören Kierkegaard. Leben u. Werk von *H. Gerdes*. 134 Seiten. 1966. (1221)

Einführung in die Konfessionskunde der orthodoxen Kirchen von *K. Onasch*. 291 Seiten. 1962. (1197/1197a)

Geschichte des christlichen Gottesdienstes von *W. Nagel*. 215 Seiten. 1962. (1202/1202a)

Geschichte Israels. Von den Anfängen bis zur Zerstörung des Tempels (70 n.Chr.) von *E.L. Ehrlich*. 2. Aufl. 1966. In Vorbereitung. (231/231a)

Römische Religionsgeschichte von *F. Altheim*. 2 Bände. 2., umgearbeitete Auflage.
I: Grundlagen und Grundbegriffe. 116 Seiten. 1956. (1035)
II: Der geschichtliche Ablauf. 164 Seiten. 1956. (1052)

Die Religion des Buddhismus von *D. Schlingloff*. 2 Bände.
I: Der Heilsweg des Mönchstums. 122 Seiten, 11 Abbildungen, 1 Karte. 1962. (174)
II: Der Heilsweg für die Welt. 129 Seiten, 9 Abbildungen, 1 Karte. 1963. (770)

Musik

Musikästhetik von *H. J. Moser*. 180 Seiten. Mit zahlreichen Notenbeispielen. 1953. (344)
Systematische Modulation von *R. Hernried*. 2. Auflage. 136 Seiten. Mit zahlreichen Notenbeispielen. 1950. (1094)
Der polyphone Satz von *E. Pepping*. 2 Bände.
I: Der cantus-firmus-Satz. 2. Auflage. 233 Seiten. Mit zahlreichen Notenbeispielen. 1950. (1148)
II: Übungen im doppelten Kontrapunkt und im Kanon. 137 Seiten. Mit zahlreichen Notenbeispielen. 1957. (1164/1164a)
Allgemeine Musiklehre von *H. J. Moser*. 2., durchgesehene Auflage. 155 Seiten. Mit zahlreichen Notenbeispielen. 1955. (220/220a)
Harmonielehre von *H. J. Moser*. 2 Bände.
I: 109 Seiten. Mit 120 Notenbeispielen. 1954. (809)
II: In Vorbereitung. (810)
Die Musik des 19. Jahrhunderts von *W. Oehlmann*. 180 Seiten. 1953. (170)
Die Musik des 20. Jahrhunderts von *W. Oehlmann*. 312 Seiten. 1961. (171/171a)
Technik der deutschen Gesangskunst von *H. J. Moser*. 3., durchgesehene und verbesserte Auflage. 144 Seiten, 5 Figuren sowie Tabellen und Notenbeispiele. 1954. (576/576a)
Die Kunst des Dirigierens von *H. W. von Waltershausen †*. 2., vermehrte Auflage. 138 Seiten. Mit 19 Notenbeispielen 1954. (1147)
Die Technik des Klavierspiels aus dem Geiste des musikalischen Kunstwerkes von *K. Schubert †*. 3. Auflage. 110 Seiten. Mit Notenbeispielen. 1954. (1045)

Kunst

Stilkunde von *H. Weigert*. 2 Bände. 3., durchgesehene und ergänzte Auflage.
I: Vorzeit, Antike, Mittelalter. 136 Seiten, 94 Abbildungen. 1958. (80)
II: Spätmittelalter und Neuzeit. 150 Seiten, 88 Abbildungen. 1958. (781)
Archäologie von *A. Rumpf*. 3 Bände.
I: Einleitung, historischer Überblick. 143 Seiten, 6 Abbildungen, 12 Tafeln. 1953. (538)
II: Die Archäologensprache. Die antiken Reproduktionen. 136 Seiten. 7 Abbildungen, 12 Tafeln. 1956. (539)
III: In Vorbereitung. (540)

Geschichte

Einführung in die Geschichtswissenschaft von *P. Kirn*. 4., durchgesehene Auflage. 127 Seiten. 1963. (270)
Einführung in die Zeitgeschichte von *B. Scheurig*. 101 Seiten. 1962. (1204)

GEISTESWISSENSCHAFTEN

Zeitrechnung der römischen Kaiserzeit, des Mittelalters und der Neuzeit für die Jahre 1—2000 n. Chr. von *H. Lietzmann †*. 3. Auflage, durchgesehen von *K. Aland*. 130 Seiten. 1956. (1085)

Kultur der Urzeit von *F. Behn*. ' Bände. 4. Auflage der Kultur der Urzeit Bd. 1—3 von *M. Hoernes*.

I: Die vormetallischen Kulturen. (Die Steinzeiten Europas. Gleichartige Kulturen in anderen Erdteilen.) 172 Seiten, 48 Abbildungen. 1950. (564)

II: Die älteren Metallkulturen. (Der Beginn der Metallbenutzung, Kupfer- und Bronzezeit in Europa, im Orient und in Amerika.) 160 Seiten, 67 Abbildungen. 1950. (565)

III: Die jüngeren Metallkulturen. (Das Eisen als Kulturmetall, Hallstatt-Latène-Kultur in Europa. Das erste Auftreten des Eisens in den anderen Weltteilen.) 149 Seiten, 60 Abbildungen. 1950. (566)

Vorgeschichte Europas von *F. Behn*. Völlig neue Bearbeitung der 7. Auflage der „Urgeschichte der Menschheit" von *M. Hoernes*. 125 Seiten, 47 Abbildungen. 1949. (42)

Der Eintritt der Germanen in die Geschichte von *J. Haller †*. 3. Auflage, durchgesehen von *H. Dannenbauer*. 120 Seiten, 6 Kartenskizzen. 1957. (1117)

Von den Karolingern zu den Staufern. Die altdeutsche Kaiserzeit (900—1250) von *J. Haller †*. 4., durchgesehene Auflage von *H. Dannenbauer*. 142 Seiten, 4 Karten. 1958. (1065)

Von den Staufern zu den Habsburgern. Auflösung des Reichs und Emporkommen der Landesstaaten (1250 —1519) von *J. Haller †*. 2., durchgesehene Auflage von *H. Dannenbauer*. 118 Seiten, 6 Kartenskizzen. 1960. (1077)

Deutsche Geschichte im Zeitalter der Reformation, der Gegenreformation und des dreißigjährigen Krieges von *F. Hartung*. 2., durchgesehene Auflage. 128 Seiten. 1963 (1105)

Deutsche Geschichte von 1648—1740. Politischer und geistiger Wiederaufbau von *W. Treue*. 120 Seiten. 1956. (35)

Deutsche Geschichte von 1713—1806. Von der Schaffung des europäischen Gleichgewichts bis zu Napoleons Herrschaft von *W. Treue*. 168 Seiten. 1957. (39)

Deutsche Geschichte von 1806—1890. Vom Ende des alten bis zur Höhe des neuen Reiches von *W. Treue*. 128 Seiten. 1961. (893)

Deutsche Geschichte von 1890 bis zur Gegenwart von *W. Treue*. In Vorbereitung. (894)

Quellenkunde der Deutschen Geschichte im Mittelalter (bis zur Mitte des 15. Jahrhunderts) von *K. Jacob †*. 3 Bände.

I: Einleitung. Allgemeiner Teil. Die Zeit der Karolinger. 6. Auflage, bearbeitet von *H. Hohenleutner*. 127 Seiten. 1959. (279)

II: Die Kaiserzeit (911—1250). 5. Auflage, neubearbeitet von *H. Hohenleutner*. 141 Seiten. 1961. (280)

III: Das Spätmittelalter (vom Interregnum bis 1500). Herausgegeben von *F. Weden*. 152 Seiten. 1952. (284)

Geschichte Englands von *H. Preller*. 2 Bände.
I: bis 1815. 3., stark umgearbeitete Auflage. 135 Seiten, 7 Stammtafeln, 2 Karten. 1952. (375)
II: Von 1815 bis 1910. 2., völlig umgearbeitete Auflage. 118 Seiten, 1 Stammtafel, 7 Karten. 1954. (1088)

Römische Geschichte von *F. Altheim*. 4 Bände. 2., verbesserte Auflage.
I: Bis zur Schlacht bei Pydna (168 v. Chr.). 124 Seiten. 1956. (19)
II: Bis zur Schlacht bei Actium (31 v. Chr.). 129 Seiten, 1956. (677)
III: Bis zur Schlacht an der Milvischen Brücke (312 n. Chr.). 148 Seiten. 1958. (679)
IV: Bis zur Schlacht am Yarmuk (636 n. Chr.). In Vorbereitung. (684)

Geschichte der Vereinigten Staaten von Amerika von *O. Graf zu Stolberg-Wernigerode*. 192 Seiten, 10 Karten. 1956. (1051/1051 a)

Deutsche Sprache und Literatur

Geschichte der Deutschen Sprache von *H. Sperber*. 5., neubearbeitete Auflage von *P. von Polenz*. 136 Seiten. 1966. (915)

Deutsches Rechtschreibungswörterbuch von *M. Gottschald †*. 2., verbesserte Auflage. 219 Seiten. 1953. (200/200a)

Deutsche Wortkunde. Kulturgeschichte des deutschen Wortschatzes von *A. Schirmer*. 5. Auflage von *W. Mitzka*. 125 Seiten. 1965. (929)

Deutsche Sprachlehre von *W. Hofstaetter*. 10. Auflage. Völlige Umarbeitung der 8. Auflage. 150 Seiten. 1960. (20)

Stimmkunde für Beruf, Kunst und Heilzwecke von *H. Biehle*. 111 Seiten. 1955. (60)

Redetechnik. Einführung in die Rhetorik von *H. Biehle*. 2., erweiterte Auflage. 151 Seiten. 1961. (61)

Sprechen und Sprachpflege (Die Kunst des Sprechens) von *H. Feist*. 3. Aufl. Etwa 99 Seiten, 25 Abbildungen. 1966 In Vorbereitung (1122)

Deutsches Dichten und Denken von der germanischen bis zur staufischen Zeit von *H. Naumann †*. (Deutsche Literaturgeschichte vom 5.—13. Jahrhundert.) 3., verbesserte Auflage. 1966 (1121)

Deutsches Dichten und Denken vom Mittelalter zur Neuzeit von *G. Müller* (1270 bis 1700). 3., durchgesehene Auflage. 159 Seiten. In Vorbereitung. (1086)

Deutsches Dichten und Denken von der Aufklärung bis zum Realismus (Deutsche Literaturgeschichte von 1700—1890) von *K. Viëtor †*. 3., durchgesehene Auflage. 159 Seiten. 1958. (1096)

Deutsche Heldensage von *H. Schneider*. 2. Auflage, bearbeitet von *R. Wisniewski*. 148 Seiten. 1964. (32)

Der Nibelunge Nôt in Auswahl mit kurzem Wörterbuch von *K. Langosch*. 11., durchgesenene Auflage. 166 Seiten. 1966. (1)

Kudrun und Dietrich-Epen in Auswahl mit Wörterbuch von *O. L. Jiriczek*. 6. Auflage, bearbeitet von *R. Wisniewski*. 173 Seiten. 1957. (10)

Wolfram von Eschenbach. Parzifal. Eine Auswahl mit Anmerkungen und Wörterbuch von *H. Jantzen*. 3. Auflage, bearbeitet von *H. Kolb*. 128 Seiten. 1966. (921)

Hartmann von Aue. Der arme Heinrich nebst einer Auswahl aus der „Klage" dem „Gregorius" und den Liedern (mit einem Wörterverzeichnis) herausgegeben von *F. Maurer*. 96 Seiten. 1958. (18)

Gottfried von Straßburg. Tristan und Isolde in Auswahl herausgegeben von *F. Maurer*. 2. Auflage. 142 Seiten. 1965. (22)

Die deutschen Personennamen von *M. Gottschald †*. 2., verbesserte Auflage. 151 Seiten. 1955. (422)

Althochdeutsches Elementarbuch. Grammatik und Texte von *H. Naumann †* und *W. Betz*. 4., verbesserte und vermehrte Auflage. 183 Seiten. 1966. In Vorbereitung. (1111/1111a)

Mittelhochdeutsche Grammatik von *H. de Boor* und *R. Wisniewski*. 4., verbesserte und ergänzte Auflage. 150 Seiten. 1965. (1108)

Indogermanisch, Germanisch

Indogermanische Sprachwissenschaft von *H. Krahe*. 2 Bände. 4., überarbeitete Auflage.
- I: Einleitung und Lautlehre. 110 Seiten. 1962. (59)
- II: Formenlehre. 100 Seiten. 1963. (64)

Sanskrit-Grammatik mit sprachvergleichenden Erläuterungen von *M. Mayrhofer*. 2., völlig neu bearbeitete Auflage. 110 Seiten. 1965. (1158/1158a)

Gotisches Elementarbuch. Grammatik. Texte mit Übersetzung und Erläuterungen von *H. Hempel*. 4., neubearbeitete Auflage. 166 Seiten. 1966. (79/79a)

Altnordisches Elementarbuch. Einführung, Grammatik, Texte (zum Teil mit Übersetzung) und Wörterbuch von *F. Ranke*. 3., völlig umgearb. Auflage von *D. Hofmann*. Etwa 180 Seiten. 1966. Im Druck. (1115/1115a)

Germanische Sprachwissenschaft von *H. Krahe*. 3 Bände.
- I: Einleitung und Lautlehre. 5., überarbeitete Auflage. 147 Seiten. 1963. (238)
- II: Formenlehre. 5., verbesserte Auflage. 149 Seiten. 1965. (780)
- III: Wortbildungslehre von *W. Meid*. Etwa 240 Seiten. 1966. (1218/1218a/1218b)

Englisch, Romanisch

Altenglisches Elementarbuch. Einführung, Grammatik, Texte mit Übersetzung und Wörterbuch von *M. Lehnert*. 6., verbesserte Auflage. 178 Seiten. 1965. (1125)

Historische neuenglische Laut- und Formenlehre von *E. Ekwall*. 4., verbesserte Auflage. 150 Seiten. 1965. (735)

Englische Phonetik von *H. Mutschmann †*. 2. Auflage, bearbeitet von *G. Scherer*. 127 Seiten. 1963. (601)

Englische Literaturgeschichte von *F. Schubel*. 4 Bände.
- I: Die alt- und mittelenglische Periode. 163 Seiten. 1954. (1114)
- II: Von der Renaissance bis zur Aufklärung. 160 Seiten. 1956. (1116)
- III: Romantik und Viktorianismus. 160 Seiten. 1960. (1124)

Beowulf von *M. Lehnert.* Eine Auswahl mit Einführung, teilweiser Übersetzung, Anmerkungen und etymologischem Wörterbuch. 3., verbesserte Auflage. 135 Seiten. 1959. (1135)

Shakespeare von *P. Meißner †.* 2. Auflage, neubearbeitet von *M. Lehnert.* 136 Seiten. 1954. (1142)

Romanische Sprachwissenschaft von *H. Lausberg.* 4 Bände.

I: Einleitung und Vokalismus. 2., durchgesehene Auflage. 211 Seiten. 1963. (128/128a)
II: Konsonantismus. 2. Auflage. In Vorbereitung. (250)
III: Formenlehre. 1. Teil. 99 Seiten. 1962. (1199)
III: Formenlehre. 2. Teil. S. 99—260. 1962. (1200/1200a)
IV: Wortlehre. In Vorbereitung. (1208)

Griechisch, Lateinisch

Griechische Sprachwissenschaft von *W. Brandenstein.* 3 Bände.

I: Einleitung, Lautsystem, Etymologie. 160 Seiten. 1954. (117)
II: Wortbildung und Formenlehre. 192 Seiten. 1959. (118/118a)
III: Syntax I. Einleitung. Die Flexibilien. 145 Seiten. 1966. (924/924a)

Geschichte der griechischen Sprache. 2 Bände

I: Bis zum Ausgang der klassischen Zeit von *O. Hoffmann †.* 3. Auflage, bearbeitet von *A. Debrunner †.* 156 Seiten. 1953. (111)
II: Grundfragen und Grundzüge des nachklassischen Griechisch von *A. Debrunner †.* 144 Seiten. 1954. (114)

Geschichte der griechischen Literatur von *W. Nestle.* 2 Bände. 3. Auflage, bearbeitet von *W. Liebich.*

I: 144 Seiten. 1961. (70)
II: 149 Seiten. 1963. (557)

Grammatik der neugriechischen Volkssprache von *J. Kalitsunakis.* 3., wesentlich erweiterte und verbesserte Auflage. 196 Seiten. 1963. (756/756a)

Neugriechisch-deutsches Gesprächsbuch von *J. Kalitsunakis.* 2. Auflage, bearbeitet von *A. Steinmetz.* 99 Seiten. 1960. (587)

Geschichte der lateinischen Sprache von *F. Stolz* und *A. Debrunner †.* 4. Auflage, bearbeitet von *W. P. Schmid.* 1966. In Vorbereitung. (492/492a/708b)

Geschichte der römischen Literatur von *L. Bieler.* 2., verbesserte Auflage. 2 Bände.

I: Die Literatur der Republik. 160 Seiten. 1965. (52)
II: Die Literatur der Kaiserzeit. 133 Seiten. 1965. (866)

Orientalistik, Slavische Sprachen

Die Keilschrift von *B. Meissner.* 3. Auflage, neubearbeitet von *K. Oberhuber.* Etwa 150 Seiten. 1966. (708/708a/708b)

Die Hieroglyphen von *A. Erman.* 3. Auflage, neu bearbeitet von *O. Krückmann.* 1966. In Vorbereitung. (608/608a/608b)

Hebräische Grammatik von *R. Meyer*. 3 Bände.
I: Einleitung, Schrift- und Lautlehre. 3., neubearbeitete Auflage. 120 Seiten. 1966. (763/763a/763b)
II: Formenlehre und Flexionstabellen. 3. Auflage. In Vorbereitung. (764/764a/764b)
III: Satzlehre. In Vorbereitung (765/765a/765b)
Hebräisches Textbuch zu *G. Beer-R. Meyer*, Hebräische Grammatik von *R. Meyer*. 170 Seiten. 1960. (769/769a)
Slavische Sprachwissenschaft von *H. Bräuer*. 2 Bände.
I: Einleitung, Lautlehre. 221 Seiten. 1961. (1191/1191a)
Vergleichende Geschichte der slavischen Literaturen von *D. Tschižewskij*. 2 Bände. 1966. In Vorbereitung.
I: Einführung. Anfänge des slavischen Schrifttums bis zum Klassizismus. (1222)
II: Romantik bis zur Moderne. (1223)
Russische Grammatik von *E. Berneker †*. 6., verbesserte Auflage von *M. Vasmer †*. 155 Seiten. 1961. (66)
Polnische Grammatik von *N. Damerau*. Etwa 140 Seiten. 1966. (942/942a)

Erd- und Länderkunde, Kartographie

Afrika von *F. Jaeger*. Ein geographischer Überblick. 2 Bände. 3. Auflage.
I: Der Lebensraum. 179 Seiten, 18 Abbildungen. In Vorbereitung. (910)
II: Mensch und Kultur. 155 Seiten, 6 Abbildungen. In Vorbereitung. (911)
Australien und Ozeanien von *H. J. Krug*. 176 Seiten, 46 Skizzen. 1953. (319)
Kartographie von *V. Heissler*. 2. Auflage. 213 Seiten, 125 Abb., 8 Anlagen. 1966. (30/30a)

Volkswirtschaft, Statistik, Publizistik

Allgemeine Betriebswirtschaftslehre von *K. Mellerowicz*. 4 Bände. 11. und 12., durchgesehene Auflage.
I: 224 Seiten. 1964. (1008/1008a)
II: 188 Seiten. 1966. (1153/1153a)
III: 260 Seiten. 1963. (1154/1154a)
IV: 209 Seiten. 1963. (1186/1186a)
Allgemeine Volkswirtschaftslehre von *A. Paulsen*. 4 Bände.
I: Grundlegung, Wirtschaftskreislauf. 7. Auflage. 159 Seiten. 11 Abbildungen. 1966. (1169)
II: Haushalte, Unternehmungen, Marktformen. 7. Auflage. 172 Seiten. 31 Abbildungen. 1966. (1170)
III: Produktionsfaktoren. 4. Auflage. 198 Seiten, 24 Abbildungen. 1965. (1171)
IV: Gesamtbeschäftigung, Konjunkturen, Wachstum. 4., neubearbeitete und ergänzte Auflage. 188 Seiten. 1966. (1172)

Geschichte der Volkswirtschaftslehre von *S. Wendt*. 182 S. 1961. (1194)

Allgemeine Volkswirtschaftspolitik von *H. Ohm*. 2 Bände.
- I: Systematisch-Theoretische Grundlegung. 2., verbesserte und ergänzte Auflage. 137 Seiten, 6 Abbildungen. 1965. (1195)
- II: Der volkswirtschaftliche Gesamtorganismus als Objekt der Wirtschaftspolitik. In Vorbereitung. (1196)

Finanzwissenschaft von *H. Kolms*. 4 Bände.
- I: Grundlegung, Öffentliche Ausgaben. 3., verbesserte Auflage. 159 Seiten. 1966. (148)
- II: Erwerbseinkünfte, Gebühren und Beiträge, Allgemeine Steuerlehre. 3., verbesserte Auflage. 148 Seiten. 1966. In Vorbereitung (391)
- III: Besondere Steuerlehre. 178 Seiten. 1962. (776)
- IV: Öffentlicher Kredit. Öffentlicher Haushalt. Finanzausgleich. 191 Seiten. 1964. (782/782a)

Finanzmathematik von *M. Nicolas*. 192 Seiten, 11 Tafeln, 8 Tabellen und 72 Beispiele. 1959. (1183/1183a)

Buchhaltung und Bilanz von *E. Kosiol*. 170 Seiten. 1964. (1213/1213a)

Industrie- und Betriebssoziologie von *R. Dahrendorf*. 3. Auflage. 142 Seiten, 3 Figuren. 1965. (103)

Wirtschaftssoziologie von *F. Fürstenberg*. 122 Seiten. 1961. (1193)

Psychologie des Berufs- und Wirtschaftslebens von *W. Moede†*. 190 Seiten, 48 Abbildungen. 1958. (851/851a)

Einführung in die Arbeitswissenschaft von *H. H. Hilf*. 169 Seiten, 57 Abbildungen. 1964. (1212/1212a)

Allgemeine Methodenlehre der Statistik von *J. Pfanzagl*. 2 Bände.
- I: Elementare Methoden unter besonderer Berücksichtigung der Anwendungen in den Wirtschafts- und Sozialwissenschaften. 3., neubearbeitete Auflage. 266 Seiten, 50 Abbildungen. 1966. (746/746a)
- II: Höhere Methoden unter besonderer Berücksichtigung der Anwendungen in Naturwissenschaften, Medizin und Technik. 2., verbesserte Auflage. 315 Seiten, 41 Abbildungen. 1966. (747/747a)

Zeitungslehre von *E. Dovifat*. 2 Bände. 4., neubearbeitete Auflage.
- I: Theoretische und rechtliche Grundlagen — Nachricht und Meinung — Sprache und Form. 149 Seiten. 1962. (1039)
- II: Redaktion — Die Sparten: Verlag und Vertrieb, Wirtschaft und Technik — Sicherung der öffentlichen Aufgabe. 168 Seiten. 1962. (1040)

Naturwissenschaften

Mathematik

Geschichte der Mathematik von *J. E. Hofmann*. 4 Bände.
I: Von den Anfängen bis zum Auftreten von Fermat und Descartes. 2., verbesserte und vermehrte Auflage. 251 Seiten. 1963. (226/226a)
II: Von Fermat und Descartes bis zur Erfindung des Calculus und bis zum Ausbau der neuen Methoden. 109 Seiten. 1957. (875)
III: Von den Auseinandersetzungen um den Calculus bis zur französischen Revolution. 107 Seiten. 1957. (882)
IV: Geschichte der Mathematik der neuesten Zeit von *N. Stuloff*. In Vorbereitung. (883)

Mathematische Formelsammlung von *F. O. Ringleb*. 8., erweiterte Auflage. Etwa 320 Seiten. 40 Figuren. 1966. (51/51a)

Vierstellige Tafeln und Gegentafeln für logarithmisches und trigonometrisches Rechnen in zwei Farben zusammengestellt von *H. Schubert* und *R. Haussner*. 3., neubearbeitete Auflage von *J. Erlebach*. 158 Seiten. 1960. (81)

Fünfstellige Logarithmen mit mehreren graphischen Rechentafeln und häufig vorkommenden Zahlenwerten von *A. Adler*. 4. Auflage, überarbeitet von *J. Erlebach*. 127 Seiten, 1 Tafel. 1962. (423)

Arithmetik von *P. B. Fischer †*. 3. Auflage von *H. Rohrbach*. 152 Seiten, 19 Abbildungen. 1958. (47)

Höhere Algebra von *H. Hasse*. 2 Bände.
I: Lineare Gleichungen. 5., neubearbeitete Auflage. 150 Seiten. 1963. (931)
II: Gleichungen höheren Grades. 4., durchgesehene Auflage. 158 Seiten, 5 Figuren. 1958. (932)

Aufgabensammlung zur höheren Algebra von *H. Hasse* und *W. Klobe*. 3., verbesserte Auflage. 183 Seiten. 1961. (1082)

Elementare und klassische Algebra vom modernen Standpunkt von *W. Krull*. 2 Bände.
I: 3., erweiterte Auflage. 148 Seiten. 1963. (930)
II: 132 Seiten. 1959. (933)

Lineare Programmierung von *H. Langen*. Etwa 200 Seiten. (1206/1206a)

Algebraische Kurven und Flächen von *W. Burau*. 2 Bände.
I: Algebraische Kurven der Ebene. 153 Seiten, 28 Abbildungen. 1962. (435)
II: Algebraische Flächen 3. Grades und Raumkurven 3. und 4. Grades. 162 Seiten, 17 Abbildungen. 1962. (436/436a)

Einführung in die Zahlentheorie von *A. Scholz †*. Überarbeitet und herausgegeben von *B. Schoeneberg*. 4. Auflage. Etwa 128 Seiten. 1966. (1131)

Formale Logik von *P. Lorenzen*. 2., verbesserte Auflage. Etwa 165 Seiten. 1962. (1176/1176a)

Topologie von *W. Franz.* 2 Bände.
I: Allgemeine Topologie. 2., verbesserte Auflage. 144 Seiten, 9 Figuren. 1965. (1181)
II: Algebraische Topologie. 153 Seiten. 1965. (1182/1182a)

Elemente der Funktionentheorie von *K. Knopp†.* 7. Auflage. 144 Seiten, 23 Figuren. 1966. (1109)

Funktionentheorie von *K. Knopp†.* 2 Bände. 11. Auflage.
I: Grundlagen der allgemeinen Theorie der analytischen Funktionen. 144 Seiten, 8 Figuren. 1965. (668)
II: Anwendungen und Weiterführung der allgemeinen Theorie. 130 Seiten, 7 Figuren. 1965. (703)

Aufgabensammlung zur Funktionentheorie von *K. Knopp†.* 2 Bände.
I: Aufgaben zur elementaren Funktionentheorie. 7. Auflage. 135 Seiten. 1965. (877)
II: Aufgaben zur höheren Funktionentheorie. 6. Auflage 151 Seiten. 1964. (878)

Differential- und Integralrechnung von *M. Barner.* (Früher *Witting*). 4 Bände.
I: Grenzwertbegriff, Differentialrechnung. 2., durchgesehene Auflage. 176 Seiten, 39 Figuren. 1963. (86)

Gewöhnliche Differentialgleichungen von *G. Hoheisel.* 7., neubearbeitete und erweiterte Auflage. 142 Seiten. 1965. (920/920a)

Partielle Differentialgleichungen von *G. Hoheisel.* 4., durchgesehene Auflage. 128 Seiten. 1960. (1003)

Aufgabensammlung zu den gewöhnlichen und partiellen Differentialgleichungen von *G. Hoheisel.* 4., neubearbeitete Auflage. 153 Seiten. 1964. (1059/1059a)

Integralgleichungen von *G. Hoheisel.* 2., neubearbeitete und erweiterte Auflage. 112 Seiten. 1963. (1099)

Mengenlehre von *E. Kamke.* 5. Auflage. 194 Seiten, 6 Figuren. 1965. (999/999a)

Gruppentheorie von *L. Baumgartner.* 4., erweiterte Auflage. 190 Seiten, 3 Tafeln. 1964. (837/837a)

Ebene und sphärische Trigonometrie von *G. Hessenberg†.* 5. Auflage, durchgesehen von *H. Kneser.* 172 Seiten, 60 Figuren. 1957. (99)

Darstellende Geometrie von *W. Haack.* 3 Bände.
I: Die wichtigsten Darstellungsmethoden. Grund- und Aufriß ebenflächiger Körper. 5. Auflage. 113 Seiten, 120 Abbildungen. 1965. (142)
II: Körper mit krummen Begrenzungsflächen. Kotierte Projektionen. 4., durchgesehene Auflage. 129 Seiten, 86 Abbildungen. 1965. (143)
III: Axonometrie und Perspektive. 3. Auflage. 129 Seiten, 100 Abbildungen. 1965. (144)

Analytische Geometrie von *K. P. Grotemeyer.* 3., neubearbeitete Auflage. 218 Seiten, 73 Abbildungen. 1964. (65/65a)

Nichteuklidische Geometrie. Hyperbolische Geometrie der Ebene von *R. Baldus†.* 4. Auflage, bearbeitet und ergänzt von *F. Löbell.* 158 Seiten, 75 Figuren. 1964. (970/970a)

Differentialgeometrie von *K. Strubecker*. 3 Bände.
I: Kurventheorie der Ebene und des Raumes. 2., erweiterte Auflage. 253 Seiten, 45 Figuren. 1964. (1113/1113a)
II: Theorie der Flächenmetrik. 195 Seiten, 14 Figuren. 1958. (1179/1179a)
III: Theorie der Flächenkrümmung. 254 Seiten, 38 Figuren. 1959. (1180/1180a)

Variationsrechnung von *L. Koschmieder*. 2 Bände. 2., neubearbeitete Auflage.
I: Das freie und gebundene Extrem einfacher Grundintegrale. 128 Seiten, 23 Figuren. 1962. (1074)
II: Anwendung klassischer Verfahren auf allgemeine Fragen des Extrems. — Neuere unmittelbare Verfahren. In Vorbereitung. (1075)

Einführung in die konforme Abbildung von *L. Bieberbach*. 6. Auflage. Etwa 180 Seiten, 42 Figuren. 1966. In Vorbereitung. (768/768a)

Vektoren und Matrizen von *S. Valentiner*. 3. Auflage. (10., erweiterte Auflage der „Vektoranalysis"). Mit Anhang: Aufgaben zur Vektorrechnung von *H. König*. 206 Seiten, 35 Figuren. 1963. (354/354a)

Wahrscheinlichkeitstheorie und Grundzüge der Maßtheorie von *H. Bauer*. 2 Bände.
I: 154 Seiten. 1964. (1216/1216a)
II: In Vorbereitung. (1217)

Versicherungsmathematik von *F. Böhm*. 2 Bände.
I: Elemente der Versicherungsrechnung. 3., vermehrte und verbesserte Auflage. Durchgesehener Neudruck. 151 Seiten. 1953. (180)
II: Lebensversicherungsmathematik. Einführung in die technischen Grundlagen der Sozialversicherung. 2., verbesserte und vermehrte Auflage. 205 Seiten. 1953. (917/917a)

Finanzmathematik von *M. Nicolas*. 192 Seiten, 11 Tafeln, 8 Tabellen und 72 Beispiele. 1959. (1183/1183a)

Kinematik von *H. R. Müller*. 171 Seiten, 75 Figuren. 1963. (584/584a)

Physik

Einführung in die theoretische Physik von *W. Döring*. 5 Bände.
I: Mechanik. 3., verbesserte Aufl. 125 Seiten, 23 Abb. 1965. (76)
II: Das elektromagnetische Feld. 2., verbesserte Auflage. 132 Seiten, 15 Abbildungen. 1962. (77)
III: Optik. 2., verbesserte Auflage. 117 Seiten, 32 Abbildungen. 1963. (78)
IV: Thermodynamik. 2., verbesserte Auflage. 107 Seiten, 9 Abbildungen. 1964. (374)
V: Statistische Mechanik. 2., verbesserte Auflage. 114 Seiten, 12 Abbildungen. 1966. (1017)

Mechanik deformierbarer Körper von *M. Päsler*. 199 Seiten, 48 Abbildungen. 1960. (1189/1189a)

Atomphysik von *K. Bechert, Ch. Gerthsen †* und *A. Flammersfeld*. 7 Bände. 4., durchgesehene Auflage.

I: Allgemeine Grundlagen. 1. Teil von *A. Flammersfeld*. 124 Seiten, 35 Abbildungen. 1959. (1009)

II: Allgemeine Grundlagen. 2. Teil von *A. Flammersfeld*. 112 Seiten, 47 Abbildungen. 1963. (1033)

III: Theorie des Atombaus. 1. Teil von *K. Bechert*. 148 Seiten, 16 Abbildungen. 1963. (1123/1123a)

IV: Theorie des Atombaus. 2. Teil von *K. Bechert*. 170 Seiten, 14 Abbildungen. 1963. (1165/1165a)

Differentialgleichungen der Physik von *F. Sauter*. 4., durchgesehene und ergänzte Auflage. 148 Seiten, 16 Figuren. 1966. (1070)

Physikalische Formelsammlung von *G. Mahler*. †. Fortgeführt von *K. Mahler*. Neubearbeitet von *H. Graewe*. 11. Auflage. 167 Seiten, 69 Figuren. 1963. (136)

Physikalische Aufgabensammlung mit Ergebnissen von *G. Mahler †*. Fortgeführt von *K. Mahler*. Neubearbeitet von *H. Graewe*. 12. Auflage. 141 Seiten. 1964. (243)

Chemie

Geschichte der Chemie in kurzgefaßter Darstellung von *G. Lockemann*. 2 Bände. 2. Auflage.

I: Vom Altertum bis zur Entdeckung des Sauerstoffs. 142 Seiten, 8 Bildnisse. In Vorbereitung. (264)

II: Von der Entdeckung des Sauerstoffs bis zur Gegenwart. 151 Seiten, 16 Bildnisse. In Vorbereitung (265/265a)

Anorganische Chemie von *W. Klemm*. 13. Auflage. 255 Seiten, 34 Abbildungen. 1964. (37/37a)

Organische Chemie von *W. Schlenk jun.* 10., erweiterte Auflage. 273 Seiten, 16 Abbildungen. 1965. (38/38a)

Physikalische Methoden in der Organischen Chemie von *G. Kresze*. 2 Bände.

I: 119 Seiten, 65 Abbildungen. 1962. (44)

II: 164 Seiten. 1962. (45/45a)

Allgemeine und physikalische Chemie von *W. Schulze*. 2 Bände.

I: 6., verbesserte Auflage. 139 Seiten, 10 Figuren. 1964. (71)

II: 6., verbesserte Auflage. 178 Seiten, 37 Figuren. 1966. (698/698a)

Molekülbau. Theoretische Grundlagen und Methoden der Strukturermittlung von *W. Schulze*. 123 Seiten, 43 Figuren. 1958. (786)

Einfache Versuche zur allgemeinen und physikalischen Chemie von *E. Dehn*. 371 Versuche mit 40 Abbildungen. 272 Seiten. 1962. (1201/1201a)

Physikalisch-chemische Rechenaufgaben von *E. Asmus*. 3., verbesserte Auflage. 96 Seiten. 1958. (445)

Maßanalyse. Theorie und Praxis der klassischen und der elektrochemischen Titrierverfahren von *G. Jander* und *K. F. Jahr*. 10., erweiterte Auflage, mitbearbeitet von *H. Knoll*. 358 Seiten, 56 Figuren. 1963. (221/221a)

Qualitative Analyse von *H. Hofmann* u. *G. Jander*. 2., durchgesehene und verbesserte Auflage. 308 Seiten, 5 Abbildungen. 1963. (247/247 a)

Stöchiometrische Aufgabensammlung von *W. Bahrdt †* und *R. Scheer*. Mit den Ergebnissen. 8., durchgesehene Auflage. 119 Seiten. 1964. (452)

Elektrochemie von *K. Vetter*. 2 Bände.
I: In Vorbereitung. (252)
II: In Vorbereitung. (253)

Kristallchemie von *J. Zemann*. Etwa 160 Seiten, 90 Abbildungen. 1966. In Vorbereitung. (1220/1220a)

Technologie

Die Chemie der Kunststoffe von *K. Hamann*, unter Mitarbeit von *W. Funke* und *H. D. Hermann*. 2. Aufl. 143 Seiten. 1966. In Vorbereitung. (1173/1173a)

Warenkunde von *K. Hassak* und *E. Beutel †*. 2 Bände.
I: Anorganische Waren sowie Kohle und Erdöl. 8. Auflage. Neubearbeitet von *A. Kutzelnigg*. 119 Seiten, 18 Figuren. 1958. (222)
II: Organische Waren. 8. Auflage. Vollständig neu bearbeitet von *A. Kutzelnigg*. 157 Seiten, 32 Figuren. 1959. (223)

Die Fette und Öle von *Th. Klug*. 6., verbesserte Auflage. 143 Seiten. 1961. (335)

Die Seifenfabrikation von *K. Braun †*. 3., neubearbeitete und verbesserte Auflage von *Th. Klug*. 116 Seiten, 18 Abbildungen. 1953. (336)

Thermische Verfahrenstechnik von *H. Bock*. 3 Bände.
I: Eigenschaften und Verhalten der realen Stoffe. 164 Seiten, 28 Abbildungen. 1963. (1209/1209a)
II: Funktion und Berechnung der elementaren Geräte. 195 Seiten, 54 Abbildungen. 1964. (1210/1210a)
III: Fließbilder, ihre Funktion und ihr Zusammenbau aus Geräten. 224 Seiten, 67 Abbildungen. 1965. (1211/1211a)

Textilindustrie von *A. Blümcke*.
I: Spinnerei und Zwirnerei. 111 Seiten, 43 Abbildungen. 1954. (184)

Biologie

Einführung in die allgemeine Biologie und ihre philosophischen Grund- und Grenzfragen von *M. Hartmann*. 2., unveränderte Auflage. 132 Seiten, 2 Abbildungen. 1965. (96)

Hormone von *G. Koller*. 2., neubearbeitete und erweiterte Auflage. 187 Seiten, 60 Abbildungen, 19 Tabellen. 1949. (1141)

Fortpflanzung im Tier- und Pflanzenreich von *J. Hämmerling*. 2., ergänzte Auflage. 135 Seiten, 101 Abbildungen. 1951. (1138)

Geschlecht und Geschlechtsbestimmung im Tier- und Pflanzenreich von *M. Hartmann*. 2., verbesserte Auflage. 116 Seiten, 61 Abbildungen, 7 Tabellen. 1951. (1127)

Symbiose der Tiere mit pflanzlichen Mikroorganismen von *P. Buchner.* 2. verbesserte und vermehrte Auflage. 130 Seiten, 121 Abbildungen. 1949. (1128)

Grundriß der allgemeinen Mikrobiologie von *W.* u. *A. Schwartz.* 2 Bände. 2., verbesserte und ergänzte Auflage.
I: 147 Seiten, 25 Abbildungen. 1960. (1155)
II: 142 Seiten, 29 Abbildungen. 1961. (1157)

Botanik

Entwicklungsgeschichte des Pflanzenreiches von *H. Heil.* 2. Auflage. 138 Seiten, 94 Abbildungen, 1 Tabelle. 1950. (1137)

Morphologie der Pflanzen von *L. Geitler.* 3., umgearbeitete Auflage. 126 Seiten, 114 Abbildungen. 1953. (141)

Pflanzengeographie von *L. Diels†.* 5., völlig neu bearbeitete Auflage von *F. Mattick.* 195 Seiten, 2 Karten. 1958. (389/389a)

Die Laubhölzer. Kurzgefaßte Beschreibung der in Mitteleuropa gedeihenden Laubbäume und Sträucher von *F. W. Neger†* und *E. Münch†.* 3., durchgesehene Auflage, herausgegeben von *B. Huber.* 143 Seiten, 63 Figuren, 7 Tabellen. 1950. (718)

Die Nadelhölzer (Koniferen) und übrigen Gymnospermen von *F. W. Neger†* und *E. Münch†.* 4. Auflage, durchgesehen und ergänzt von *B. Huber.* 140 Seiten, 75 Figuren, 4 Tabellen, 3 Karten. 1952. (355)

Pflanzenzüchtung von *H. Kuckuck.* 2 Bände.
I: Grundzüge der Pflanzenzüchtung. 3., völlig umgearbeitete und erweiterte Auflage. 132 Seiten, 22 Abbildungen. 1952. (1134)
II: Spezielle gartenbauliche Pflanzenzüchtung (Züchtung von Gemüse, Obst und Blumen). 178 Seiten, 27 Abbildungen. 1957. (1178/1178a)

Zoologie

Entwicklungsphysiologie der Tiere von *F. Seidel.* 2 Bände.
I: Ei und Furchung. 2. Auflage. Etwa 160 Seiten, 61 Abbildungen. 1966. (1162)
II: Körpergrundgestalt und Organbildung. 2. Auflage. In Vorbereitung (1163)

Vergleichende Physiologie der Tiere von *K. Herter.* 2 Bände. 4. Auflage der „Tierphysiologie".
I: Stoff- und Energiewechsel. Neu bearbeitet von *K. Urich.* 158 Seiten, 61 Abbildungen. 1966. (972/972a)
II: Bewegung und Reizerscheinungen. Neu bearbeitet von *G. Birukow.* In Vorbereitung. (973)

Das Tierreich
I: Einzeller, Protozoen von *E. Reichenow.* 115 Seiten. 59 Abbildungen. 1956. (444)
II: Schwämme und Hohltiere von *H. J. Hannemann.* 95 Seiten, 80 Abbildungen. 1956. (442)

III: Würmer. Platt-, Hohl-, Schnurwürmer, Kamptozoen, Ringelwürmer, Protracheaten, Bärtierchen, Zungenwürmer von *S. Jaeckel.* 114 Seiten, 36 Abbildungen. 1955. (439)
IV, 1: Krebse von *H. E. Gruner* und *K. Deckert.* 114 Seiten, 43 Abbildungen. 1956. (443)
IV, 2: Spinnentiere (Trilobitomorphen, Fühlerlose) und Tausendfüßler von *A. Kaestner.* 96 Seiten, 55 Abbildungen. 1955. (1161)
IV, 3: Insekten von *H. von Lengerken.* 2., verbesserte Auflage. 140 Seiten, 59 Abbildungen. 1966. (594)
V: Weichtiere. Urmollusken, Schnecken, Muscheln und Kopffüßer von *S. Jaeckel.* 92 Seiten. 34 Figuren. 1954. (440)
VI: Stachelhäuter. Tentakulaten, Binnenatmer und Pfeilwürmer von *S. Jaeckel.* 100 Seiten, 46 Abbildungen. 1955. (441)
VII, 1: Manteltiere, Schädellose, Rundmäuler von *Th. Haltenorth.* In Vorbereitung. (448)
VII, 2: Fische von *D. Lüdemann.* 130 Seiten, 65 Abbildungen. 1955. (356)
VII, 3: Lurche (Chordatiere) von *K. Herter.* 143 Seiten, 129 Abbildungen. 1955. (847)
VII, 4: Kriechtiere (Chordatiere) von *K. Herter.* 200 Seiten, 142 Abbildungen. 1960. (447/447a)
VII, 5: Vögel (Chordatiere) von *H.-A. Freye.* 156 Seiten, 69 Figuren. 1960. (869)
VII, 6: Säugetiere (Chordatiere) von *Th. Haltenorth.* In Vorbereitung. (282)

Land- und Forstwirtschaft

Landwirtschaftliche Tierzucht. Die Züchtung und Haltung der landwirtschaftlichen Nutztiere von *H. Vogel.* 139 Seiten, 11 Abbildungen. 1952. (228)

Kulturtechnische Bodenverbesserungen von *O. Fauser.* 2 Bände. 5., verbesserte und vermehrte Auflage.
I: Allgemeines, Entwässerung. 127 Seiten, 49 Abbildungen. 1959. (691)
II: Bewässerung, Ödlandkultur, Flurbereinigung. 159 Seiten, 71 Abbildungen. 1961. (692)

Agrikulturchemie von *K. Scharrer.* 2 Bände.
I: Pflanzenernährung. 143 Seiten. 1953. (329)
II: Futtermittelkunde. 192 Seiten. 1956. (330/330a)

Geologie, Mineralogie, Kristallographie

Geologie von *F. Lotze.* 3., verbesserte Auflage. 179 Seiten, 80 Abbildungen. 1965. (13/13a)

Mineral- und Erzlagerstättenkunde von *H. Huttenlocher †.* 2 Bände. 2., neubearbeitete Auflage von *P. Ramdohr.*
I: 137 Seiten, 40 Abbildungen, 2 Tabellen. 1965. (1014/1014a)
II: 135 Seiten, 41 Abbildungen. 1965. (1015/1015a)

Allgemeine Mineralogie. 11., erweiterte Auflage der „Mineralogie" von *R. Brauns †*, neubearbeitet von *K. F. Chudoba*. 152 Seiten, 143 Textfiguren, 1 Tafel, 3 Tabellen. 1963. (29/29a)

Spezielle Mineralogie. 11., erweiterte Auflage der „Mineralogie" von *R. Brauns †*, bearbeitet von *K. F. Chudoba*. 193 Seiten, 127 Textfiguren, 6 Tabellen. 1964. (31/31a)

Petrographie (Gesteinskunde) von *W. Bruhns †*. Neubearbeitet von *P. Ramdohr* 6., erweiterte Auflage. Etwa 141 Seiten, 21 Figuren. 1966. (173)

Kristallchemie von *J. Zemann*. Etwa 160 Seiten, 90 Abbildungen. 1966. (1220/1220a)

Kristallographie von *W. Bruhns †*. 6. Auflage, neubearbeitet von *P. Ramdohr*. 115 Seiten, 164 Abbildungen. 1965. (210)

Einführung in die Kristalloptik von *E. Buchwald*. 5., verbesserte Auflage. 128 Seiten, 117 Figuren. 1963. (619/619a)

Lötrohrprobierkunde. Mineraldiagnose mit Lötrohr und Tüpfelreaktion von *M. Henglein*. 4., durchgesehene und erweiterte Auflage. 108 Seiten, 12 Figuren. 1962. (483)

Technik

Graphische Darstellung in Wissenschaft und Technik von *M. Pirani*. 3., erweiterte Auflage bearbeitet von *J. Fischer* unter Benutzung der von *I. Runge* besorgten 2. Auflage. 216 Seiten, 104 Abbildungen. 1957. (728/728a)

Technische Tabellen und Formeln von *W. Müller*. 5., verbesserte und erweiterte Auflage von *E. Schulze*. 165 Seiten, 114 Abbildungen, 99 Tafeln. 1962. (579)

Einführung in die Arbeitswissenschaft von *H. H. Hilf*. 164 Seiten, 57 Abbildungen. 1964. (1212/1212a)

Grundlagen der Straßenverkehrstechnik. Theorie der Leistungsfähigkeit von *E. Engel*. 101 Seiten, 55 Abbildungen. 1962. (1198)

Elektrotechnik

Grundlagen der allgemeinen Elektrotechnik von *O. Mohr*. 3. Auflage. 260 Seiten, 136 Bilder, 14 Tafeln. 1965. (196/196a)

Die Gleichstrommaschine von *K. Humburg*. 2 Bände. 2., durchgesehene Auflage.
I: 102 Seiten, 59 Abbildungen. 1956. (257)
II: 101 Seiten, 38 Abbildungen. 1956. (881)

Die Synchronmaschine von *W. Putz*. 92 Seiten, 64 Bilder. 1962. (1146)

Induktionsmaschinen von *F. Unger*. 2., erweiterte Auflage. 142 Seiten, 49 Abbildungen. 1954. (1140)

Die komplexe Berechnung von Wechselstromschaltungen von *H. H. Meinke*. 3., neubearb. Aufl. 185 S., 126 Abb. 1965. (1156/1156a)

Theoretische Grundlagen zur Berechnung der Schaltgeräte von *F. Kesselring*. 4. Auflage. In Vorbereitung. (711)

Einführung in die Technik selbsttätiger Regelungen von *W. zur Megede*. 3., durchgesehene Aufl. 180 S., 86 Abb. 1966. In Vorb. (714/714a)

Elektromotorische Antriebe (Grundlagen für die Berechnung) von *A. Schwaiger*. 4., neubearbeitete Auflage. In Vorbereitung. (827)

Überspannungen und Überspannungsschutz von *G. Frühauf*. Durchgesehener Neudruck. 122 Seiten, 98 Abbildungen. 1950. (1132)

Elektrische Höchstspannungs-Schaltanlagen. Für Freiluft und Innenanordnung von *G. Meiners* und *K.-H. Wiesenewsky*. 138 Seiten, 58 Abbildungen. 1964. (796/796a)

Transformatoren von *W. Schäfer*. 4., überarbeitete und ergänzte Auflage. 130 Seiten, 73 Abbildungen. 1962. (952)

Maschinenbau

Thermische Verfahrenstechnik von *H. Bock*. 3 Bände.
I: Eigenschaften und Verhalten der realen Stoffe. 164 Seiten, 28 Abbildungen. 1963. (1209/1209a)
II: Funktion und Berechnung der elementaren Geräte. 195 Seiten, 54 Abbildungen. 1964. (1210/1210a)
III: Fließbilder, ihre Funktion und ihr Zusammenbau aus Geräten. 224 Seiten, 67 Abbildungen. 1965. (1211/1211a)

Technische Thermodynamik von *U. Grigull*. Mit 74 Abbildungen, 7 Tabellen. 1966. In Vorbereitung (1084/1084a)

Metallkunde von *H. Borchers*. 3 Bände.
I: Aufbau der Metalle und Legierungen. 6. Auflage. 120 Seiten, 90 Abbildungen, 2 Tabellen. 1964. (432)
II: Eigenschaften, Grundzüge der Form- und Zustandsgebung. 5., ergänzte und durchgesehene Auflage. 182 Seiten, 107 Abbildungen, 10 Tabellen. 1963. (433/433a)
III: Die metallkundlichen Untersuchungsmethoden von *E. Hanke*. In Vorbereitung (434)

Die Werkstoffe des Maschinenbaues von *A. Thum †* und *C. M. v. Meysenbug*. 2 Bände.
I: Einführung in die Werkstoffprüfung. 2., neubearbeitete Auflage. 100 Seiten, 7 Tabellen, 56 Abbildungen. 1956. (476)
II: Die Konstruktionswerkstoffe. 132 Seiten, 40 Abbildungen. 1959. (936)

Dynamik von *W. Müller*. 2 Bände. 2., verbesserte Auflage.
I: Dynamik des Einzelkörpers. 128 Seiten, 48 Figuren. 1952. (902)
II: Systeme von starren Körpern. 102 Seiten, 41 Figuren. 1952. (903)

Technische Schwingungslehre von *L. Zipperer*. 2 Bände. 2., neubearbeitete Auflage.
I: Allgemeine Schwingungsgleichungen, einfache Schwinger. 120 Seiten, 101 Abbildungen. 1953. (953)
II: Torsionsschwingungen in Maschinenanlagen. 102 Seiten, 59 Abbildungen. 1955. (961/961a)

Werkzeugmaschinen für Metallbearbeitung von *K. P. Matthes*. 2 Bände.
I: 100 Seiten, 27 Abbildungen, 11 Zahlentafeln, 1 Tafelanhang. 1954. (561)
II: Fertigungstechnische Grundlagen der neuzeitlichen Metallbearbeitung. 101 Seiten, 30 Abbildungen, 5 Tafeln. 1955. (562)

Das Maschinenzeichnen mit Einführung in das Konstruieren von *W. Tochtermann*. 2 Bände. 4. Auflage.
I: Das Maschinenzeichnen. 156 Seiten, 75 Tafeln. 1950. (589)
II: Ausgeführte Konstruktionsbeispiele. 130 Seiten, 58 Tafeln. 1950. (590)

Die Maschinenelemente von *E. A. vom Ende †*. 4., überarbeitete Auflage. 184 Seiten, 179 Figuren, 11 Tafeln. 1963. (3/3a)

Die Maschinen der Eisenhüttenwerke von *L. Engel*. 156 Seiten, 95 Abbildungen. 1957. (583/583a)

Walzwerke von *H. Sedlaczek †* unter Mitarbeit von *F. Fischer* und *M. Buch*. 232 Seiten, 157 Abbildungen. 1958. (580/580a)

Getriebelehre von *P. Grodzinski †*. 2 Bände. 3., neubearbeitete Auflage von *G. Lechner*.
I: Geometrische Grundlagen. 164 S., 131 Fig. 1960. (1061)
II: Angewandte Getriebelehre. In Vorbereitung. (1062)

Kinematik von *H. R. Müller*. 171 Seiten, 75 Figuren. 1963. (584/584a)

Gießereitechnik von *H. Jungbluth*. 2 Bände.
I: Eisengießerei. 126 Seiten, 44 Abbildungen. 1951. (1159)

Die **Dampfkessel** einschließlich Feuerungen und Hilfseinrichtungen. Physikalische und chemische Grundlagen, Berechnung und Konstruktion, Vorschriften und Beispiele von *W. Marcard.* 3., neubearbeitete Auflage von *G. Beyer.* 2 Bände.
- I: Physikalische und chemische Grundlagen, Wärmelehre, Wärmeübertragung, Verbrennung. 133 Seiten, 35 Bilder, 26 Tabellen. 1964. (9/9a)
- II: Berechnung und Konstruktion, Dampfkessel, Hilfseinrichtungen. Feuerungen, Berechnungen. Etwa 120 Seiten, 45 Bilder. 1966. (521/521a)

Die **Dampfturbinen.** Ihre Wirkungsweise, Berechnung und Konstruktion von *C. Zietemann.* 3 Bände.
- I: Theorie der Dampfturbinen. 4. Auflage. 139 Seiten, 48 Abbildungen. 1966. In Vorbereitung. (274)
- II: Die Berechnung der Dampfturbinen und die Konstruktion der Einzelteile. 4., verbesserte Auflage. 132 Seiten, 111 Abbildungen. 1966. In Vorbereitung. (715)
- III: Die Regelung der Dampfturbinen, die Bauarten, Turbinen für Sonderzwecke, Kondensationsanlagen. 3., verbesserte Auflage. 126 Seiten, 90 Abbildungen. 1956. (716)

Verbrennungsmotoren von *W. Endres.* 3 Bände.
- I: Überblick. Motor-Brennstoffe. Verbrennung im Motor allgemein, im Otto- und Diesel-Motor. 153 Seiten, 57 Abbildungen. 1958. (1076, 1076a)
- II: Gaswechselvorgang. Aufladen. Leistung, mittl. Druck, Reibung. Wirkungsgrade und Kraftstoffverbrauch. Etwa 170 Seiten, 61 Abbildungen. 1966. (1184/1184a)
- III: Die Einzelteile des Verbrennungsmotors. In Vorbereitung. (1185/1185a)

Autogenes Schweißen und Schneiden von *H. Niese.* 5. Auflage, neubearbeitet von *A. Küchler.* 136 Seiten, 71 Figuren. 1953. (499)

Die **elektrischen Schweißverfahren** von *H. Niese.* 2. Auflage, neubearbeitet von *H. Dienst.* 136 Seiten, 58 Abbildungen. 1955. (1020)

Die **Hebezeuge.** Entwurf von Winden und Kranen von *G. Tafel.* 2., verbesserte Auflage. 176 Seiten, 230 Figuren. 1954. (414/414a)

Vermessungswesen

Vermessungskunde von *W. Großmann.* 3 Bände.
- I: Stückvermessung und Nivellieren. 12., verbesserte Auflage. 156 Seiten, 122 Figuren. 1965. (468)
- II: Horizontalaufnahmen und ebene Rechnungen. 9., verbesserte Auflage. 136 Seiten, 101 Figuren. 1963. (469)
- III: Trigonometrische und barometrische Höhenmessung. Tachymetrie und Absteckungen. 8., verbesserte Auflage. 140 Seiten, 102 Figuren. 1965. (862)

Kartographie von *V. Heissler.* 2. Auflage. 213 Seiten, 125 Abb., 8 Anlagen. 1966. (30/30a)

Photogrammetrie von *G. Lehmann.* 2., verbesserte und erweiterte Auflage. 205 Seiten, 136 Abbildungen. 1966. (1188/1188a)

Wasserbau

Wasserkraftanlagen von *A. Ludin* unter Mitarbeit von *W. Borkenstein*. 2 Bände.
I: Planung, Grundlagen und Grundzüge. 124 Seiten, 60 Abbildungen. 1955. (665)
II: Anordnung und Ausbildung der Hauptbauwerke. 184 Seiten, 91 Abbildungen. 1958. (666/666a)

Verkehrswasserbau von *H. Dehnert*. 3 Bände.
I: Entwurfsgrundlagen, Flußregelungen. 103 Seiten, 53 Abbildungen. 1950. (585)
II: Flußkanalisierung und Schiffahrtskanäle. 94 Seiten, 60 Abbildungen. 1950. (597)
III: Schleusen und Hebewerke. 98 Seiten, 70 Abbildungen. 1950. (1152)

Wehr- und Stauanlagen von *H. Dehnert*. 134 Seiten, 90 Abbildungen. 1952. (965)

Talsperren von *F. Tölke*. 122 Seiten, 70 Abbildungen. 1953. (1044)

Hoch- und Tiefbau

Die wichtigsten Baustoffe des Hoch- und Tiefbaus von *O. Graf †*. 4., verbesserte Auflage. 131 Seiten, 63 Abbildungen. 1953. (984)

Baustoffverarbeitung und Baustellenprüfung des Betons von *A. Kleinlogel*. 2., neubearbeitete und erweiterte Auflage. 126 Seiten, 35 Abbildungen. 1951. (978)

Festigkeitslehre. 2 Bände.
I: Elastizität, Plastizität und Festigkeit der Baustoffe und Bauteile von *W. Gehler †* und *W. Herberg*. Durchgesehener und erweiterter Neudruck. 159 Seiten, 118 Abbildungen. 1952. (1144)
II: Formänderung, Platten, Stabilität und Bruchhypothesen von *W. Herberg* und *N. Dimitrov*. 187 Seiten, 94 Abbildungen. 1955. (1145/1145a)

Grundlagen des Stahlbetonbaues von *A. Troche*. 2., neubearbeitete und erweiterte Auflage. 208 Seiten, 75 Abbildungen, 17 Bemessungstafeln, 20 Rechenbeispiele. 1953. (1078)

Statik der Baukonstruktionen von *A. Teichmann*. 3 Bände.
I: Grundlagen. 101 Seiten, 51 Abbildungen, 8 Formeltafeln. 1956. (119)
II: Statisch bestimmte Stabwerke. 107 Seiten, 52 Abbildungen, 7 Tafeln. 1957. (120)
III: Statisch unbestimmte Systeme. 112 Seiten, 34 Abbildungen, 7 Formeltafeln. 1958. (122)

Fenster, Türen, Tore aus Holz und Metall. Eine Anleitung zu ihrer guten Gestaltung, wirtschaftlichen Bemessung und handwerksgerechten Konstruktion von *W. Wickop †*. 5. Auflage geplant. (1092)

TECHNIK

Heizung und Lüftung von *W. Körting*. 2 Bände. 9., neubearbeitete Auflage.

I: Das Wesen und die Berechnung der Heizungs- und Lüftungsanlagen. 171 Seiten, 29 Abbildungen, 36 Zahlentafeln. 1962. (342/342a)

II: Die Ausführung der Heizungs- und Lüftungsanlagen. 1966. In Vorbereitung. (343)

Industrielle Kraft- und Wärmewirtschaft von *F. A. F. Schmidt* und *A. Beckers*. 167 Seiten, 73 Abbildungen. 1957. (318/318a)

Sammlung Göschen / Bandnummernfolge

1 Langosch, Der Nibelunge Nôt
3/3a v. Ende, Maschinenelemente
9/9a Marcard-Beyer, Dampfkessel I
10 Jiriczek-Wisniewski, Kudrun und Dietrich-Epen
13/13a Lotze, Geologie
18 Maurer, Hartmann von Aue, Der arme Heinrich
19 Altheim, Römische Geschichte I
20 Hofstaetter, Dt. Sprachlehre
22 Maurer, Gottfried von Strassburg
29/29a Brauns-Chudoba, Allgemeine Mineralogie
30/30a Heissler, Kartographie
31/31a Brauns-Chudoba, Spezielle Mineralogie
32 Schneider-Wisniewski, Deutsche Heldensage
35 Treue, Dt. Geschichte von 1648—1740
37/37a Klemm, Anorganische Chemie
38/38a Schlenk, Organische Chemie
39 Treue, Dt. Geschichte von 1713—1806
42 Behn-Hoernes, Vorgeschichte Europas
44 Kresze, Physikalische Methoden in der Organischen Chemie I
45/45a Kresze, Physikalische Methoden in der Organischen Chemie II
47 Fischer-Rohrbach, Arithmetik
51/51a Ringleb, Mathem. Formelsammlung
52 Bieler, Röm. Literaturgesch. I
59 Krahe, Indog. Sprachwiss. I
60 Biehle, Stimmkunde
61 Biehle, Redetechnik
64 Krahe, Indog. Sprachwiss. II
65/65a Grotemeyer, Analyt. Geometrie
66 Berneker-Vasmer, Russische Grammatik
70 Nestle-Liebich, Gesch. d. griechischen Literatur I
71 Schulze, Allgemeine und physikalische Chemie I
76 Döring, Einf. i. d. th. Physik I
77 Döring, Einf. i. d. th. Physik II
78 Döring, Einf. i. d. th. Physik III
79/79a Hempel, Got. Elementarbuch
80 Weigert, Stilkunde I
81 Schubert-Haussner-Erlebach Vierstell. Logarithmentafeln
86 Barner, Differential- u. Integralrechnung I
96 Hartmann, Einf. in die allgem. Biologie

99 Hessenberg-Kneser, Ebene und sphär. Trigonometrie
101 v. Wiese, Soziologie
103 Dahrendorf, Industrie- und Betriebssoziologie
104/104a Hofstätter, Sozialpsychologie
111 Hoffmann-Debrunner, Gesch. der griechischen Sprache I
114 Debrunner, Gesch. der griechischen Sprache II
117 Brandenstein, Griechische Sprachwissenschaft I
118/118a Brandenstein, Griechische Sprachwissenschaft II
119 Teichmann, Statik der Baukonstruktionen I
120 Teichmann, Statik der Baukonstruktionen II
122 Teichmann, Statik der Baukonstruktionen III
128/128a Lausberg, Romanische Sprachwissenschaft I
136 Mahler-Graewe, Physikal. Formelsammlung
141 Geitler, Morphologie der Pflanzen
142 Haack, Darst. Geometrie I
143 Haack, Darst. Geometrie II
144 Haack, Darst. Geometrie III
145/145a Weimer, Gesch. der Pädagogik
148 Kolms, Finanzwissenschaft I
156/156a Landmann, Philosophische Anthropologie
170 Oehlmann, Musik des 19. Jhs.
171/171a Oehlmann, Musik des 20. Jhs.
173 Bruhns-Ramdohr, Petrographie
174 Schlingloff, Religion des Buddhismus I
180 Böhm, Versicherungsmathematik I
184 Blümcke, Textilindustrie I
196/196a Mohr, Grundlagen der allgem. Elektrotechnik
200/200a Gottschald, Dt. Rechtschreibungswörterbuch
210 Bruhns-Ramdohr, Kristallographie
220/220a Moser, Allg. Musiklehre
221/221a Jander-Jahr-Knoll, Maßanalyse
222 Hassak-Beutel-Kutzelnigg, Warenkunde I
223 Hassak-Beutel-Kutzelnigg, Warenkunde II
226/226a Hofmann, Gesch. der Mathematik I
228 Vogel, Landw. Tierzucht
231/231a Ehrlich, Gesch. Israels
238 Krahe, Germ. Sprachwiss. I
243 Mahler-Graewe, Physikal. Aufgabensammlung
247/247a Hofmann-Jander, Qualitative Analyse
250 Lausberg, Romanische Sprachwissenschaft II
252 Vetter, Elektrochemie I
253 Vetter, Elektrochemie II
257 Humburg, Gleichstrommaschine I
264 Lockemann, Gesch. der Chemie I
265/265a Lockemann, Geschichte der Chemie II
270 Kirn, Einführung in die Geschichtswissenschaft
274 Zietemann, Dampfturbinen I
279 Jacob-Hohenleutner, Quellenkunde der deutschen Geschichte I
280 Jacob-Hohenleutner, Quellenkunde der deutschen Geschichte II
281 Leisegang, Einführung in die Philosophie
282 Haltenorth, Säugetiere
284 Jacob-Weden, Quellenkunde der deutschen Geschichte III
318/318a Schmidt-Beckers, Industrielle Kraft- u. Wärmewirtschaft
319 Krug, Australien und Ozeanien
329 Scharrer, Agrikulturchemie I
330/330a Scharrer, Agrikulturchemie II
335 Klug, Fette und Öle
336 Braun-Klug, Seifenfabrikation
342/342a Körting, Heizung und Lüftung I

343 Körting, Heizung und Lüftung II
344 Moser, Musikästhetik
354/354a Valentiner-König, Vektoren und Matrizen
355 Neger-Münch-Huber, Nadelhölzer
356 Lüdemann, Fische
374 Döring, Einf. i.d.th. Physik IV
375 Preller, Geschichte Englands I
389/389a Diels-Mattick, Pflanzengeographie
391 Kolms, Finanzwissenschaft II
394/394a Schilling, Von der Renaissance bis Kant
414/414a Tafel, Hebezeuge
422 Gottschald, Dt. Personennamen
423 Adler-Erlebach, Fünfstellige Logarithmen
432 Borchers, Metallkunde I
433/433a Borchers, Metallkunde II
434 Borchers-Hanke, Metallkunde III
435 Burau, Algebr. Kurven u. Flächen I
436/436a Burau, Algebr. Kurven und Flächen II
439 Jaeckel, Würmer
440 Jaeckel, Weichtiere
441 Jaeckel, Stachelhäuter
442 Hannemann, Schwämme und Hohltiere
443 Gruner-Deckert, Krebse
444 Reichenow Einzeller
445 Asmus, Physikal.-chem. Rechenaufgaben
447/447a Herter, Kriechtiere
448 Haltenorth, Manteltiere
452 Bahrdt-Scheer, Stöchiometrische Aufgabensammlung
468 Großmann, Vermessungskunde I
469 Großmann, Vermessungskunde II
476 Thum-Meysenbug, Die Werkstoffe des Maschinenbaues I
483 Henglein, Lötrohrprobierkunde
492/492a Stolz-Debrunner-Schmid Geschichte der lateinischen Sprache
499 Niese-Küchler, Autogenes Schweißen
500 Simmel, Hauptprobleme der Philosophie
521/521a Marcard-Beyer, Dampfkessel II
536 Lehmann, Kant
538 Rumpf, Archäologie I
539 Rumpf, Archäologie II
540 Rumpf, Archäologie III
557 Nestle-Liebich, Gesch. der griech. Literatur II
561 Matthes, Werkzeugmaschinen I
562 Matthes, Werkzeugmaschinen II
564 Behn-Hoernes, Kultur der Urzeit I
565 Behn-Hoernes, Kultur der Urzeit II
566 Behn-Hoernes, Kultur der Urzeit III
571 Lehmann, Philosophie des 19. Jahrhunderts I
576/576a Moser, Gesangskunst
579 Müller-Schulze, Techn. Tabellen
580/580a Sedlaczek-Fischer-Buch, Walzwerke
583/583a Engel, Maschinen der Eisenhüttenwerke
584/584a Müller, Kinematik
585 Dehnert, Verkehrswasserbau I
587 Kalitsunakis-Steinmetz, Neugriech.-dt. Gesprächsbuch
589 Tochtermann, Maschinenzeichnen I
590 Tochtermann, Maschinenzeichnen II
594 v. Lengerken, Insekten
597 Dehnert, Verkehrswasserbau II
601 Mutschmann-Scherer, Engl. Phonetik
608/608a/608b Erman-Krückmann, Hieroglyphen
619/619a Buchwald, Kristalloptik
665 Ludin-Borkenstein, Wasserkraftanlagen I
666/666a Ludin-Borkenstein, Wasserkraftanlagen II

668 Knopp, Funktionentheorie I
677 Altheim, Röm. Geschichte II
679 Altheim, Röm. Geschichte III
684 Altheim. Röm. Geschichte IV
691 Fauser, Kulturtechn. Bodenverbesserungen I
692 Fauser, Kulturtechn. Bodenverbesserungen II
698/698a Schulze Allgemeine u. physikalische Chemie II
703 Knopp, Funktionentheorie II
708/708a/708b Meissner-Oberhuber, Keilschrift
709 Lehmann, Philosophie des 19 Jahrhunderts II
711 Kesselring, Berechnung der Schaltgeräte
714/714a zur Megede, Technik selbsttätiger Regelungen
715 Zietemann, Dampfturbinen II
716 Zietemann, Dampfturbinen III
718 Neger-Münch-Huber, Laubhölzer
728/728a Pirani-Fischer-Runge, Graph. Darstellung in Wissenschaft u. Technik
735 Ekwall, Historische neuengl. Laut- und Formenlehre
746/746a Pfanzagl, Allg. Methodenlehre der Statistik I
747/747a Pfanzagl, Allg. Methodenlehre der Statistik II
756/756a Kalitsunakis, Gramm. d. Neugriech. Volksspr.
763/763a/763b Meyer, Hebräische Grammatik I
764/764a/764b Meyer, Hebräische Grammatik II
765/765a/765b Meyer, Hebräische Grammatik III
768/768a Bieberbach, Einführung in die konforme Abbildung
769/769a Beer-Meyer, Hebräisches Textbuch
770 Schlingloff, Religion des Buddhismus II
776 Kolms, Finanzwissensch. III
780 Krahe, Germ. Sprachwiss. II
781 Weigert Stilkunde II
782/782a Kolms, Finanzwissenschaft IV
786 Schulze, Molekülbau
796/796a Meiners-Wiesenewsky, Elektr. Höchstspannungs-Schaltanlagen
807 Kropp, Erkenntnistheorie
809 Moser Harmonielehre I
810 Moser Harmonielehre II
826 Koch, Philosophie d. Mittelalters
827 Schwaiger, Elektromotorische Antriebe
831 Erismann, Allg. Psychologie I
832/832a Erismann, Allg. Psychologie II
833 Erismann, Allg. Psychologie III
834/834a Erismann, Allg. Psychologie IV
837/837a Baumgartner, Gruppentheorie
845 Lehmann, Philosophie im ersten Drittel des 20. Jhs. I
847 Herter, Lurche
850 Lehmann, Philosophie im ersten Drittel des 20 Jhs. II
851/851a Moede, Psychologie des Berufs- und Wirtschaftslebens
857 Capelle, Griech. Philosophie I
858 Capelle, Griech. Philos. II
859 Capelle, Griech. Philos. III
862 Großmann, Vermessungskunde III
863 Capelle, Griech. Philos. IV
866 Bieler, Röm. Literaturgeschichte II
869 Freye, Vögel
875 Hofmann, Geschichte der Mathematik II
877 Knopp, Aufgabensammlung zur Funktionentheorie I
878 Knopp, Aufgabensammlung zur Funktionentheorie II
881 Humburg, Gleichstrommaschine II
882 Hofmann, Geschichte der Mathematik III
883 Stuloff, Mathematik der neuesten Zeit

893 Treue, Dt. Geschichte von 1806—1890
894 Treue, Dt. Geschichte von 1890 bis zur Gegenwart
902 Müller, Dynamik I
903 Müller, Dynamik II
910 Jaeger, Afrika I
911 Jaeger, Afrika II
915 Sperber-v. Polenz, Gesch. der Deutschen Sprache
917/917a Böhm, Versicherungsmathematik II
920/920a Hoheisel, Gewöhnliche Differentialgleichungen
921 Jantzen-Kolb, W. v. Eschenbach. Parzival
924/924a Brandenstein, Griechische Sprachwissenschaft III
929 Schirmer-Mitzka, Dt. Wortkunde
930 Krull, Elementare und klassische Algebra I
931 Hasse, Höhere Algebra I
932 Hasse, Höhere Algebra II
933 Krull, Elementare und klassische Algebra II
936 Thum-Meysenbug, Werkstoffe d. Maschinenbaues II
942/942a Damerau, Polnische Grammatik
952 Schäfer, Transformatoren
953 Zipperer, Techn. Schwingungslehre I
961/961a Zipperer, Techn. Schwingungslehre II
965 Dehnert, Wehr- und Stauanlagen
970/970a Baldus-Löbell, Nichteuklidische Geometrie
972/972a Herter-Urich, Vergleichende Physiologie der Tiere I
973 Herter-Birukow, Vergleichende Physiologie der Tiere II
978 Kleinlogel, Baustoffverarbeitung und Baustellenprüfung d. Betons
984 Graf, Baustoffe des Hoch- und Tiefbaues
999/999a Kamke, Mengenlehre
1000 Jaspers, Geistige Situat. der Zeit
1003 Hoheisel, Partielle Differentialgleichung
1008/1008a Mellerowicz, Allgem. Betriebswirtschaftslehre I
1009 Bechert-Gerthsen-Flammersfeld, Atomphysik I
1014/1014a Huttenlocher-Ramdohr, Mineral- und Erzlagerstättenkunde I
1015/1015a Huttenlocher-Ramdohr, Mineral- u. Erzlagerstättenkunde II
1017 Döring, Einf. i. d. th. Physik V
1020 Niese-Dienst, Elektrische Schweißverfahren
1031/1031a Apel-Ludz, Philosophisches Wörterbuch
1033 Bechert-Gerthsen-Flammersfeld, Atomphysik II
1034 Kranefeldt-Jung Therapeutische Psychologie
1035 Altheim, Röm. Religionsgeschichte I
1039 Dovifat, Zeitungslehre I
1040 Dovifat, Zeitungslehre II
1044 Tölke, Talsperren
1045 Schubert, Technik des Klavierspiels
1051/1051a Stolberg-Wernigerode, Gesch. d. Vereinigten Staaten
1052 Altheim, Röm. Religionsgeschichte II
1059/1059a Hoheisel, Aufgabenslg. z. d. gew. u. part. Differentialgleichungen
1061 Grodzinski-Lechner, Getriebelehre I
1062 Grodzinski-Lechner, Getriebelehre II
1065 Haller-Dannenbauer, Von d. Karolingern zu den Staufern
1070 Sauter, Differentialgleichungen der Physik
1074 Koschmieder, Variationsrechnung I
1075 Koschmieder, Variationsrechnung II
1076/1076a Endres, Verbrennungsmotoren I

1077 Haller-Dannenbauer, Von den Staufern zu den Habsburgern
1078 Troche, Stahlbetonbau
1082 Hasse-Klobe, Aufgabensammlung zur höheren Algebra
1084/1084a Grigull, Techn. Thermodynamik
1085 Lietzmann-Aland, Zeitrechnung
1086 Müller, Dt. Dichten und Denken
1088 Preller, Gesch. Englands II
1092 Wickop, Fenster, Türen, Tore
1094 Hernried, System, Modulation
1096 Viëtor, Dt. Dichten und Denken
1099 Hoheisel, Integralgleichungen
1105 Hartung, Dt. Geschichte im Zeitalter der Reformation
1108 de Boor-Wisniewski, Mittelhochdeutsche Grammatik
1109 Knopp, Elemente der Funktionentheorie
1111/1111a Naumann-Betz, Althochdt. Elementarbuch
1113/1113a Strubecker, Differentialgeometrie I
1114 Schubel, Engl. Literaturgeschichte I
1115/1115a Ranke-Hofmann, Altnord. Elementarbuch
1116 Schubel, Engl. Literaturgeschichte II
1117 Haller-Dannenbauer, Eintritt der Germanen in die Geschichte
1121 Naumann, Dt. Dichten u. Denken
1122 Feist, Sprechen und Sprachpflege
1123/1123a Bechert-Gerthsen-Flammersfeld, Atomphysik III
1124 Schubel, Engl. Literaturgeschichte III
1125 Lehnert, Altengl. Elementarbuch
1127 Hartmann, Geschlecht u. Geschlechtsbestimmung im Tier- und Pflanzenreich
1128 Buchner, Symbiose d. Tiere
1130 Dibelius-Kümmel, Jesus
1131 Scholz-Schoeneberg, Einführung in die Zahlentheorie
1132 Frühauf, Überspannungen
1134 Kuckuck, Pflanzenzüchtung I
1135 Lehnert, Beowulf
1137 Heil, Entwicklungsgesch. d. Pflanzenreiches
1138 Hämmerling, Fortpflanzung im Tier- und Pflanzenreich
1140 Unger, Induktionsmaschine
1141 Koller Hormone
1142 Meissner-Lehnert, Shakespeare
1144 Gehler-Herberg, Festigkeitslehre I
1145/1145a Herberg-Dimitrov, Festigkeitslehre II
1146 Putz, Synchronmaschine
1147 v. Waltershausen, Kunst d. Dirigierens
1148 Pepping, Der polyphone Satz I
1152 Dehnert, Verkehrswasserbau III
1153/1153a Mellerowicz, Allgem. Betriebswirtschaftslehre II
1154/1154a Mellerowicz, Allgem. Betriebswirtschaftslehre III
1155 Schwartz, Mikrobiologie I
1156/1156a Meinke, Komplexe Berechnungen v. Wechselstromschaltungen
1157 Schwartz, Mikrobiologie II
1158/1158a Mayrhofer, Sanskrit-Grammatik
1159 Jungbluth, Gießereitechnik I
1160 Dibelius-Kümmel, Paulus
1161 Kaestner, Spinnentiere
1162 Seidel, Entwicklungsphysiologie der Tiere I
1163 Seidel, Entwicklungsphysiologie der Tiere II
1164/1164a Pepping, Der polyphone Satz II

1165/1165a Bechert-Gerthsen-Flammersfeld Atomphysik IV
1169 Paulsen, Allgemeine Volkswirtschaftslehre I
1170 Paulsen, Allgemeine Volkswirtschaftslehre II
1171 Paulsen, Allgemeine Volkswirtschaftslehre III
1172 Paulsen, Allgemeine Volkswirtschaftslehre IV
1173/1173a Hamann-Funke-Hermann, Chemie der Kunststoffe
1176/1176a Lorenzen, Form Logik
1178/1178a Kuckuck, Pflanzenzüchtung II
1179/1179a Strubecker Differentialgeometrie II
1180/1180a Strubecker Differentialgeometrie III
1181 Franz, Topologie I
1182/1182a Franz, Topologie II
1183/1183a Nicolas, Finanzmathematik
1184/1184a Endres, Verbrennungsmotoren II
1185/1185a Endres, Verbrennungsmotoren III
1186/1186a Mellerowicz, Allgem. Betriebswirtschaftslehre IV
1187 Lau, Luther
1188/1188a Lehmann, Photogrammetrie
1189/1189a Päsler, Mechanik
1190 Stupperich Melanchthon
1191/1191a Bräuer, Slav. Sprachwissenschaft I
1193 Fürstenberg, Wirtschaftssoziologie
1194 Wendt, Gesch. d. Volkswirtschaftslehre
1195 Ohm Allgem. Volkswirtschaftspolitik I
1196 Ohm, Allgem. Volkswirtschaftspolitik II
1197/1197a Onasch, Einf. in die Konfessionskunde der orthodoxen Kirchen
1198 Engel, Straßenverkehrstechnik
1199 Lausberg, Romanische Sprachwissenschaft III, 1. Teil
1200/1200a Lausberg, Romanische Sprachwissenschaft III, 2. Teil
1201/1201a Dehn, Versuche zur allgem. u. phys. Chemie
1202/1202a Nagel, Gesch. des christl. Gottesdienstes
1203 Wendland, Sozialethik
1204 Scheurig, Zeitgeschichte
1205/1205a Hofmann Ideengeschichte d. soz. Bewegung
1206/1206a Langen Lineare Programmierung
1208 Lausberg, Romanische Sprachwissenschaft IV
1209/1209a Bock, Therm. Verfahrenstechnik I
1210/1210a Bock. Therm. Verfahrenstechnik II
1211/1211a Bock, Therm. Verfahrenstechnik III
1212/1212a Hilf, Arbeitswissenschaft
1213/1213a Kosiol, Buchhaltung und Bilanz
1216/1216a Bauer, Wahrscheinlichkeitstheorie I
1217 Bauer, Wahrscheinlichkeitstheorie II
1218/1218a/1218b Meid, Germ. Sprachwiss. III
1219 Schmidt-Clausing, Zwingli
1220/1220a Zemann, Kristallchemie
1221 Gerdes, Kierkegaard
1222 Tschižewskij, Slav. Literaturen I
1223 Tschižewskij, Slav. Literaturen II

Autorenregister

Printed in Germany 150. II. 66

FSC
www.fsc.org
MIX
Papier | Fördert gute Waldnutzung
FSC® C083411

Kolibri 360 GmbH
Ferdinand-Jühlke-Straße 7
99095 Erfurt, Deutschland
produktsicherheit@kolibri360.de